AQUARIUS

AQUARIUS

AQUARIUS

AQUARIUS

一些人物，
一些視野，
一些觀點，
與一個全新的遠景！

願你擁有憤怒的自由

叢非從心理師｜著

【推薦序】

「憤怒」是通往內心深處的幽徑

文◎胡展誥（諮商心理師／《別讓負面情緒綁架你》作者）

「憤怒」是一條通往內心深處的幽徑。

身為一個諮商心理師，很多人都以為我會勸人「不要生氣」、覺得「生氣是錯的」。但實際上，我最常問來談者：

「你的生氣，有幫助你好好表達出內心真正想要說的嗎？」

「你的生氣，有幫助對方更理解你嗎？」

假如沒有，那麼你的生氣只是淪為一種情緒宣洩的手段，內在的憤怒依舊沒有被聽見、被接住，也沒有被好好地呵護。

有時候，我們只是感覺到內心有一團模糊不清的東西攪和著，這種渾沌的感覺讓我們很不舒服、靜不下心，也無法好好思考。總覺得需要找到一個宣洩的出口，卻又不知道該如何表達。

每一天在新聞版面上，有太多令人遺憾的社會事件。這當中有許多人其實都只是因為一時的憤怒驅使，失控地做出難以挽回的憾事。

所以，叢非從心理師這一本書來得真是時候！

聽見自己憤怒背後的聲音

大多數來找我做諮商的人，帶來的故事幾乎都與憤怒有關。他們氣什麼呢？

●氣對方「不理解我的用心」

明明自己很努力為對方著想、細心安排一切，對方非但不領情，還惡言相向。

●氣對方「不接受我的提醒」

你苦口婆心、好言相勸，甚至不吝分享自己的生命經驗與智慧，對方卻依舊往你不樂見的方向前進，因而犯錯、甚至受傷。

●氣對方「過得比我好」

其實你清楚每個人的家庭背景、能力都不同，沒有什麼好比較的。但是當你看見對方的經濟游刃有餘，輕輕鬆鬆就達到你努力許久，卻未必能達成的目標，還一副理所當然的樣子，內心就無法克制地升起一把火。

●氣自己「總是不夠好」

有些人是因為找不到可以究責的對象，有些人則是習慣了將憤怒往內傾倒，總之，我們會用莫名嚴厲的標準、難以入耳的批評，毫不留情地攻擊自己。氣自己無能，氣自己不如人。

細細傾聽這些故事就會發現，憤怒往往只是一件外衣，在這件衣服底下，掩藏著許許多多的挫折、失落、羨慕，以及自卑。面對內在的脆弱，說也不是、不說也不是（甚至不知道該對誰說、如何說），憤怒就是在這種情況底下，反覆交織而成的產物。

在這種情況底下，我們真正該做的不是壓抑憤怒、自我否定或攻擊別人，而是陪伴自己聽見憤怒背後的情緒，試著安撫自己、表達需求。

看懂憤怒偽裝的樣貌

作者以一個很重要的概念貫穿整本書：憤怒不只是表面的生氣而已，其實還夾帶著許多更重要的「目的」：

●用憤怒來掩飾內在的脆弱

直接表達擔心、失望、難過，會讓自己顯得很脆弱。把脆弱攤在他人面前，對我們而言經常是危險的事情。但是，當我們用憤怒擋在脆弱之前，雖然能保有些許安全和價值感，卻也無法如實表達內在的情緒。

●用憤怒來維持彼此的界限

有時候我們對於和某人的距離拉近、變得親密，感到恐懼，藉由憤怒，製造出大大小小不同程度的問題，能夠幫助自己拉出一段與對方的距離，讓自己喘口氣，覺得安全一些。不過，這麼做也可能引發關係當中沒有必要的衝突。

●用憤怒來表達由衷的渴望

我常說：「如果輕輕鬆鬆就能有效溝通，有誰會想花大把力氣去生氣？」

或許正是因為怎麼努力都無法讓對方理解你的需求和期待，所以憤怒是另一種更高強度的表達，希望讓對方能夠尊重你、保護你，並且以你期待的方式去行動。

從這個角度來理解憤怒，你會發現支撐在憤怒背後的，往往是一道厚實且溫柔的力量，它的目的很單純，那就是要：

「保護你自己」。

所以，我們不需要否定自己的憤怒、也不需要再苛責憤怒的自己。練習聽見憤怒背後的聲音，與之和平共處及友善對話，不僅能減少因為憤怒而失控的頻率，甚至還能善用憤怒的力道，幫助我們生活得更好。

現在，換我們來照顧憤怒吧

如果以前你經常把憤怒當成可怕的敵人，請容我告訴你：

「把敵人變成朋友，就是與它相處最好的方式。」

這本書提供許多很棒的策略，提醒你從日常生活中許多簡單的行動開始，以自我照顧的方式來進行「情緒保養」：

●過於頻繁的憤怒，往往代表能量耗竭

內心缺乏餘裕時，一點點小事都會引發憤怒情緒。

如果你發現自己最近看什麼都不順眼、都想要攻擊，記得停下來問問自己：最近是否太疲累了？並且讓自己休息一下。

●過於嚴厲的自我要求，是引發憤怒的原因

強迫自己做不喜歡的事、達到難如登天的目標、不能有計畫之外的行動（即使是更好的創意）。

如果你有這些狀況，請你友善對待自己：放寬標準、放寬標準、放寬標準。你很擅長對自己嚴格，但也要學會放鬆一些。

●累積的失落與挫折，也會引發憤怒

如果你的努力付出總是被辜負、得不到回報，期待也總是落空，憤怒就會跳出來抗議：「親愛的，你不可以這樣被對待！」

假使在關係中，你經常經歷到這種事，就得嘗試在照顧別人的同時，也花一些心力照顧自己，而不只是委屈自己來成別人的全。

從聽懂憤怒，到表達憤怒

學習一件事，最重要的就是：

●從「知道」↓到「做到」。

我已經幫你導讀了這本書的精髓，但這本書還有許多你絕對不能錯過的精采內容，以及更重要的——在生活中反覆練習。這部分就要交給你去努力囉！

在閱讀的過程中，你將能慢慢聽懂憤怒想要告訴你的訊息，讓你內在想被聽見、想被滿足的部分，能夠被溫柔地接住，打造更自在的關係與生活。

祝福你。

【前言】

憤怒背後的六個「理所當然感」

熟悉又陌生的憤怒

憤怒，每個人都很熟悉、卻又都很陌生的情緒。

熟悉，是因為它很日常，幾乎每天都在跟我們打交道。有人憤怒得明顯，有人憤怒得隱晦；有人用發火表達，有人只用冷漠抵抗。無論你用什麼樣的方式表達憤怒，憤怒都會經常在你內心深處萌生。

陌生，是因為我們只知道自己憤怒了，卻很少去思考憤怒背後是什麼。憤怒只是一種最外層的現象，憤怒背後有委屈、有期待、有評判、有無助、有恐懼。可是**我們習慣表達憤怒，卻很少去理解憤怒「背後」的訊息。**

憤怒裡面也有愛。你很難說你的憤怒——哪怕一點點——不是在為對方好。

我有很多個案也會訴說他們的憤怒，對伴侶、父母、孩子、上司、同事、陌生人的憤怒，這些憤怒困擾著他們，又讓他們無能為力。好像除了發火和隱忍，他們不會用別的方式處理憤怒。很多關係，因為憤怒而走向破裂；很多事情，因為憤怒被搞砸。其實結果可以不必這樣，完全有另外一種更好的可能。但在憤怒當時，人瞬間喪失思考能力，跟隨本能做了遺憾的決定。

我自己也會憤怒，有時有控制不住的憤怒，有時有釋放不出來的憤怒。我常感到自己在憤怒時，會產生一些「理所當然」的想法，覺得「就是你的錯呀」、「你就是不應該呀」，這些理所當然感讓我非常驚訝。

我嘗試去問自己為什麼，發現在自己背後，有個豐富的、我未曾覺知的、讓我驚嘆的世界。於是我開始思考：一個人憤怒所憑藉的是什麼？是什麼讓人們在憤怒時，會有那麼理所當然的感覺？

憤怒背後的動力如此之多、訊息如此之複雜，為什麼我們能表達出來的卻如此之少？於是，我研發了「憤怒分析表」（見第三百五十六頁）。這是一個可以幫助人探索自己憤怒歷程的表格。你只要按照引導、填完一些句子，然後反覆地朗讀、思考，就會對自己的憤怒有新的認識，進而有了**理解憤怒**、**轉化憤怒**的可能。

憤怒背後的六個「理所當然感」

順著這個問題，你可以找到「憤怒分析表」拆解的六個部分：

●**第一部分：憤怒是一種「評判」。**當你憤怒時，你會覺得對方是錯的，違反了你的規則、違反了真理。你會以上帝視角對他進行審判，然後憤怒。

——「因為我是對的，你是錯的，所以你應該改。」這是憤怒的第一個理所當然感。

●**第二部分：憤怒是一種「期待」。**當你憤怒時，你會對於對方有要求、有需求，甚至是向他求助。你希望他為你做點事情，成為你的輔助，而他沒有，你就生氣了。

——「因為我希望你做，所以你應該去做。」這是憤怒的第二個理所當然感。

●**第三部分：憤怒是「自我要求」。**憤怒看起來是對別人的要求，背後其實是「對自己」的要求。一個人怎麼要求自己，就會怎麼要求別人。潛意識裡，人總覺得所有人都應該按自己的「正確」方式來活。

——「因為我是這麼做的，所以你也要這麼做。」這是憤怒的第三個理所當然感。

● **第四部分：憤怒是「情感連結」**。當一個人憤怒時，背後有委屈、恐懼、無助等脆弱的感受；憤怒，其實是希望對方能看到、並安撫自己的這種感受。憤怒可以讓他人也感覺到委屈、恐懼、無助，與自己內在有同樣的感受，這樣他人就有了理解憤怒者的可能。

——「因為此刻我很可憐，我也要讓你感到自己可憐。」這是憤怒者的第四個理所當然感。

● **第五部分：憤怒是一種「恐懼」**。人之所以有自我要求，是他覺得不這麼做就會有更大的危險。之所以要求別人，也包含了希望別人不要遭遇更糟糕的危險。憤怒背後是恐懼、是害怕有更嚴重的結果。所以憤怒既是自我保護，又是保護他人。

——「因為這是糟糕的，所以我們都不能做。」這是憤怒者的第五個理所當然感。

● **第六部分：憤怒是一種「愛」**。憤怒背後，包含了大量的付出感，人總會覺得「我為你付出了很多，你就要為我付出」、「我想得到你的愛，就先為你付出愛」。所以特別愛付出的人，其實才是特別愛憤怒的人。但實際上，付出與回報完全不是對應關係，付出得不到回報也非常正常。

——「因為我愛你，所以你也要愛我。」這是憤怒者的第六個理所當然感。

願你擁有憤怒的自由

憤怒從來不是壞事，我們需要的是「理解自己的憤怒」，而非壓抑或衝動發洩憤怒。理解，才是改變最好的出路。

也許在這個過程中，你無法對每個點都認同。這沒關係，可以找到你有感覺的部分，那些足以幫助你去思考憤怒。也不必非要在憤怒中思考，有時這會有些難。你可以在憤怒過後，一個人的時候，去反思、去回看，把本書附錄提供的「憤怒分析表」做過一遍，問問自己，為什麼憤怒。

成長，就是從後知後覺、到現知現覺、再到先知先覺的過程。

也許你會有疑惑：知道這麼多，有用嗎？道理我都懂，然而還是會憤怒。

改變也許是陌生的。改變就是從單一視角到多元視角的轉變。改變從來不是必須怎樣，而是「可以」怎樣。當你對憤怒有了覺知，就多了一個選擇。你可以從更深的層面去處理憤怒，而非單純地壓抑憤怒。

以前的單一視角是熟悉、熟練、非常自然的，新視角卻是陌生、彆扭、懷疑、抗拒的。當你把思考問題的角度切換到新視角時，會有一些不適感。你可以在能量不足時，依然按照原有的思路去憤怒；然後在情緒緩過來、能量恢復以後，再重新去思考：那時我怎麼了？為什麼會憤怒？

如此，你就會一次次強化、鞏固，有了更多自我理解的可能。

無論如何，你依然擁有「憤怒的自由」。**憤怒的自由，就是你可以思考憤怒、可以壓抑憤怒、可以發洩憤怒、可以運用憤怒，而非單一的必須、一定要怎樣。**

此外，本書中主要處理的是針對他人的憤怒。而對自己的憤怒，很多原理也是相同的，可以嘗試做一些類比性思考。

願你擁有憤怒的自由

009 【推薦序】「憤怒」是通往內心深處的幽徑　文◎胡展誥（諮商心理師）

016 【前言】憤怒背後的六個「理所當然感」

1 評判：你是錯的，所以你應該改

028 **憤怒中的評判**：你是什麼樣的人，我說了算

036 **憤怒要解釋**：你不解釋，別人真的不知道你在生什麼氣

043 **化解評判**：學習運用「具體化表達」

051 **憤怒時的否定**：當我憤怒，你就是錯的

058 **全面否定**：你怎麼什麼地方都不好

目錄

068 **憤怒中的規則**：我的規則，即是真理
082 **協調差異**：以接納與尊重，處理差異

2 期待：
我比你厲害，你應該聽我的

092 **憤怒是期待過高**：怎麼判斷一個人的期待是否過高？
105 **憤怒背後的嫌棄**：表達「期待」，而非表達否定
112 **憤怒中的愉悅感**：嫌棄你的時候，我就有了價值感
122 **憤怒是一種「忽視」**：你只有滿足我的條件，我才愛你
130 **做出區分**：有時候，你比問題更重要
139 **憤怒中的審判**：憤怒帶來極大的愉悅感
147 **走出偏執**：接納自己的平凡

3 自我要求：因為我不能這麼做，所以你也不能這麼做

156 **憤怒是因為太累了**：解決憤怒，就是解決自己的累
166 **自我要求**：我怎麼要求你，就是在怎麼要求自己
174 **自我要求高的四個特點**：你是自我要求高的人嗎？
183 **降低對自己的要求**：六十分的自己，就是足夠好的自己
190 **為了迴避「陰影人格」**：我不喜歡你，正如我不喜歡我自己
201 **與自己和解**：比起變好，「輕鬆、快樂」也很重要
210 **重新定義你自己**：打破內在規則

4 情感連結：因為我不開心，你也要像我一樣不開心

218 **憤怒是一種「嫉妒」**：你的愉悅度，不能超越我
224 **憤怒是一種「偽裝」**：憤怒看起來強大，背後是受傷的自己

233 **憤怒是一種「傳遞」**：我想讓你感受我的脆弱

240 **讓對方難受的好處**：感受一致，才能親密

246 **誰惹你生氣，你就向誰學習**：練習放過自己

254 **難受是故意的**：負面情緒是對父母的忠誠

5 恐懼：因為我很擔心，所以我不能那麼做

262 **憤怒是一種「理性」**：越理性，越易怒

269 **憤怒是一種「恐懼」**：我理性，因為我害怕失控

276 **憤怒是一種「保護」**：我希望你改變，以保護我，或者保護你

283 **轉化憤怒**：發現錯誤，破除死亡邏輯的恐懼

293 **相信你的「自然能力」**：你就不會恐懼、不會累

301 **憤怒是一種「創傷」**：小時候的恐懼，一直遺留到現在

6 愛：因為我愛你，所以你也要愛我

312 **憤怒是一種「需要」**：我很可憐，需要被愛

320 **雖然你想要，但他為什麼得滿足你？**：沒有理所當然的關係

328 **憤怒是一種「付出」**：「我為你雪中送炭，你願我家破人亡」的悲哀

336 **愛自己的第一步**：停止刻意付出

342 **父母欠我的，你要還給我**：過去的匱乏，現在索討

349 **終極答案是「愛自己」**：願你擁有憤怒的自由

356 **【附錄】「憤怒分析表」及使用指南**

1 評判：你是錯的，所以你應該改

憤怒中的評判

你是什麼樣的人，我說了算

一種情緒，有一百種理解的可能

一位媽媽說：「我的孩子吃東西時，總是吃一半、丟一半。」如果你是這位媽媽，看到自己的孩子這樣做，你會怎麼想？你會有什麼樣的情緒和反應？你會如何解讀孩子的這個行為？

關於這個行為，有太多解讀的可能性，比如：

- 你這樣吃太浪費了。我好生氣啊！
- 你想吃就吃、不想吃就扔了，簡直是太任性了。好生氣啊！
- 我這麼辛苦地為你做飯，你卻隨便就扔掉，這是對我辛苦的不尊重。好生氣啊！
- 喜歡的就吃、不喜歡的就不吃，我的孩子好有主見呀。開心！

・邊吃邊扔，這飯是有多難吃啊。這麼難吃還得忍著吃，真是太難為你了。心疼！

・小孩子玩玩具，就是邊玩邊丟的。這樣扔飯，是把飯當成玩具了吧，小孩子可真會玩啊。有趣！

・……

孩子吃飯的這個行為有不下一百種理解。**不同的理解，完全會導致當事者不同的心情。**即使同樣是生氣，原因也可能完全不一樣。那麼，哪一種理解才是對的呢？孩子之所以這麼做，真實的原因是怎樣的呢？

其實這些理解都是對的，並不衝突。在沒有與當事人溝通、核對之前，一切都只是自己的猜想。大多數媽媽在看到孩子吃飯的這個行為後，會直接進行自己的解讀，緊接著根據自己的理解做出反應，比如生氣。

所以讓一個人生氣的，並非他人做了什麼，而是我們如何理解他人的行為。這個解讀的過程，就是在「貼標籤」。

什麼是「貼標籤」？

他人做了什麼、說了什麼，這都是一些外在刺激。這些刺激被你的眼睛、耳朵、鼻子、皮膚等感覺器官所感受到，這時，他人的行為就對你產生影響。但這些刺激本身不足以導致人憤

怒，得經過中樞神經系統傳輸到大腦，然後大腦完成一個判斷，給他人的行為做一個命名。經由大腦對這個命名的理解，你對他人的憤怒就開始了。

因此，「貼標籤」也叫做「命名」、「評價」。

這個過程是非常快速的。快速到你都沒有意識到自己做了判斷，就根據這個判斷做出了反應。

比如：孩子放學一回到家就開始玩，直到晚上八點仍然在看電視，完全沒有去做作業的想法。這時，對於這個畫面，你的大腦自動地對「孩子看電視」的行為貼的標籤是什麼呢？

有人貼了「懶惰」、「不上進」、「不認真」等標籤，當這個孩子被貼上這些標籤時，他們很自然地覺得他很糟糕，這時他們的憤怒就被啟動了。有人則貼上「會放鬆」、「會念書，也會休息」等標籤，覺得孩子很懂得照顧自己，這時他們為孩子感到欣慰。

再比如：老公回家之後便躺在沙發上，不做家事、不帶孩子，也不願意跟你多說幾句話，就只是拿著手機玩電動。看到這個畫面，你會貼什麼標籤呢？

有的妻子貼上「不顧家」、「不負責任」、「不愛我」等標籤，這時她們就對先生啟動憤怒。也有的妻子貼上「他工作累了」、「他為了家，付出了太多」等標籤，這時她們會選擇體諒丈夫的不易。

貼標籤，完全是你根據自身的內在經驗和理解去加工外在事物的過程。這份理解，決定了接下來你會有什麼樣的情緒。

因此，思考憤怒，首先是要找到標籤。而思考標籤，其實就是找出：**當你憤怒時，你是如何評價他人的？**

標籤並非事實

有些人覺得：「我的伴侶就是對家不管不顧，特別自私。不是我覺得他自私，是他本來就很自私。這是一個事實，所有人都覺得他自私。」也有些人認為：「我的孩子寫作業時總是很笨。不是我覺得他笨，事實就是如此，老師也都這麼說他。」

那麼，什麼是事實呢？事實是客觀的，不會因觀察者的不同而發生改變。一塊石頭一．五公斤重，你讓誰來秤，它都是一．五公斤重。但你說伴侶自私、孩子愚笨，觀察者切換之後，結論還是一樣的嗎？你的伴侶也覺得自己自私嗎？你的孩子也覺得自己笨嗎？我猜他們應該不會這麼評價自己。所以，自私、笨，這都是你自己視角下的答案。

當然，絕對的客觀是不存在的。「一．五公斤」、「重」，都是人類為了生活方便發明的統一的標籤認知。我們這裡說的是相對客觀。那麼，真是「所有人」都這麼覺得嗎？最多你周圍的幾個人這麼看待他，這也只代表你們幾個人的視角，這能代表客觀嗎？

要知道，「他人是自私的、愚笨的、不可靠的、冷漠的」這些評價，都只是你的大腦創造的事實，並非客觀事實。然而在你的主觀世界裡，無法覺察這只是你的個人評價，而誤以為這就是客觀事實。

就像從井底之蛙的視角觀察，天空只有井口那麼大。一隻鳥說：「我從萬里之外飛來，口渴死了。」青蛙說：「你在撒謊！天空就井口這麼大，你怎麼可能從萬里之外飛來呢？」

一個人侷限在自己的認知裡，就會認為自己所以為的就是事實。當別人解釋時，他會覺得別人在否定事實，而更憤怒。因此，憤怒其實是在說：**「你是什麼樣的人，是由我說了算的！你必須同意我。我不接受反駁！」**

標籤是一種「忽視」

貼標籤也是對他人的一種忽視。因為當你給對方貼上標籤時，就失去了瞭解真實他人的動力。標籤一旦貼上，我們就容易忘記它本來只是標籤，而喪失其他探究的可能性。當我們執著於自己的理解，便看不到真實的他人了。

如果媽媽常對孩子說：「你太懶了！你太笨了！」這種標籤一旦貼上，媽媽就開始了對懶、笨的憤怒，很難再靜下心來耐心地思考：孩子怎麼了？他發生了什麼？

如果妻子常對先生說：「你太不負責任了！你太無能了！你太自私了！」這種概括化的標籤貼上之後，妻子很難再有興趣去瞭解：他怎麼了？他發生了什麼？

即使對別人貼了正向的標籤，依然是一種忽視。因為別人可能依然會覺得：「如果我不是你想的那樣，你還會喜歡我嗎？」

比如，若媽媽一直認為自己的孩子非常優秀，那麼孩子有可能質疑真實的自己是否優秀。他會恐慌：「萬一我變得不優秀了，媽媽是否還愛我？」退一步講，即使他真的相信自己優秀，到了社會上卻得不到他人對自己優秀的評價，那麼他的自尊就容易受傷。所以許多受誇讚長大的孩子，進入社會後，依然會傷痕累累。

再打個比方，有一個人喜歡你，他說喜歡你的很多優點。你可能不覺得高興，反而會質疑：你是不是對我有太多想像？萬一我不是你想的那樣，你不就不喜歡了嗎？

越是給他人的行為命名，越是難以看到真實的他人，這時的你與他人之間，隔了一個標籤。你越是對標籤執著，就越是無法與他人建立真實的連結。

所以**無論這個標籤是正向、還是負向的，你都已經忽視了真實的他人。**

憤怒源於標籤的差異

其實就算對他人貼了一個標籤也無所謂，如果對方願意承認，你也不會憤怒。但對方是個真實的人，他很難完全認同你的看法，他對自己的行為有他的理解，與你的不同，這時你就會憤怒。

比如一位妻子說：「我對老公很憤怒。先前我們買了房子，我跟老公早早約定好了，要他提前一天回家，一起去辦交屋。期間提醒了他好幾次。結果到了交屋的前兩天，他打電話來說他買了交屋當天的機票回來，並且認為自己不一定非要在場。我一下子怒火中燒，大罵了他一頓並掛斷電話。我很氣老公對家裡的事情不用心、不守承諾，只顧自己方便，真是太自私了！」

這位妻子對丈夫貼的標籤是「自私」、「不用心」、「不守承諾」。可是她的先生並不同意這些標籤啊，他對自己的行為有另外一套認知標準，覺得這是「隨意」、「靈活」。同時，他對於妻子所貼標籤的評價是「小題大做」，覺得：「交屋又不是買房子，這麼小的事有必要這

樣嗎？你自己去不就行了？」但是妻子對自己行為的評價卻是「認真」，覺得自己非常認真地看待買房這件事。兩個人對同一件事情的認知不一樣，兩個人便都憤怒了。

因此，如果你對一個人憤怒，你首先要去思考的是：

● **在這個事件中，你的標籤是什麼？對方的標籤是什麼？**

● **你們的標籤是不同的，應該如何去處理呢？**

處理憤怒的方法之一，就是看到你們彼此所貼標籤的不同，並且去處理這個標籤的差異。

【思考與表達】

寫下你的一次憤怒經歷。是對誰產生的憤怒？發生了什麼？

1從這次憤怒中，你可以問自己幾個問題：

他做了這些，你覺得是怎樣的行為？你可以用幾個形容詞描述他的這種行為嗎？

2選出你最有感覺的那個詞，生成以下句子。想像讓你憤怒的那個人站在你的面前，大聲地說給他聽：

・你這就是＿＿＿＿！我說了算！

・你這就是＿＿＿＿！你必須同意我！

・你就是一個＿＿＿＿的人！你也要這麼認為！

3這樣的做法帶給你的感受是什麼？有什麼想法？

4你覺得，他會同意你對他貼的標籤嗎？如果他不同意，你猜他會怎麼解釋自己的所作所為？

5你怎麼看待你們標籤的差異？

憤怒要解釋

你不解釋，別人真的不知道你在生什麼氣

不在同一個邏輯裡的對話

當你在和對方生氣時，雖然你們兩人可能都有很多話想說、談的也可能是同一個問題，但你們談的卻不是同一個「話題」。

比如你們在談論一支手機，你關注的是顏色好不好看，他關注的是什麼規格。看似你們都在評論這支手機好不好，然而卻根本不是在同一個邏輯裡談。**關鍵在於，你們不知道對方不清楚自己的重點，僅僅以為對方不懂、不配合，然後就生氣了。**

其實比貼標籤更糟糕的，是你自己默默地貼完了標籤而不表達，對方並不知道你怎麼看他。同樣地，他也替你的行為貼了標籤，也不表達，結果就是你們都不知道對方在意的是什麼。

舉個例子，有個妻子說：「今天早餐的餅是剩下的，味道不好了，我又買了現煎的蔥油餅，想讓家人吃好一點。孩子上課壓力大，吃得好很重要。我老公看到後很生氣，他說：『餅還沒吃完，你又買新的。吃不完的難道要扔了嗎？』」

她接著說：「我生氣的是他怎麼能這麼說呢！他沒發現我有多用心嗎？他這是什麼邏輯，不好吃就一定要扔嗎？」

我問她：「那你是怎麼處理的呢？」

她說：「我很生氣！但還是平靜了一下，對他說：『不用丟呀。涼掉的餅可以打個蛋煎一下再吃。』」

看得出來，這位妻子在竭力控制自己的憤怒，努力心平氣和地與先生溝通。然而這種溝通特別消耗力氣，又沒什麼效果，因為他們談論的根本就不是同一個話題。

她對丈夫行為所貼的標籤是「看不見我的用心」，她很想跟丈夫交流的話題其實是「我很用心」。但先生對她買新蔥油餅這個行為貼的標籤是「浪費」，他在說那些話時，想交流的話題其實是「不要浪費」。

兩個人都在溝通買餅的事情，但一個在談「用心」的問題，一個在談「浪費」的問題。他們根本不在同一個邏輯裡。

人生可悲的事就是：你生了一頓氣，對方也很害怕，然而他卻不知道你為什麼生氣。更可悲的是，你以為他知道你為什麼生氣，實際上他根本不知道你生氣的原因，而你也不知道他不知道。

表達出你的標籤

憤怒在說：你很在意某個「點」。當你和對方對話時，就需要把你所貼的標籤表達出來：

- **這件事對我來說，代表了××。**
- **××這個問題對我來說很重要。**
- **××是我人生的一個議題。**
- **我想邀請你照顧一下我在意的這個部分。**

比如剛剛提到的這位妻子，可以在先生指責她為什麼要重新買餅後，對他說：「買新的餅代表了我對家很用心。對我來說，用心是一個很重要的問題。我希望你能照顧一下我對用心的在意。」

老公也可以說：「在我的理解裡，舊的沒吃完就買新的，是一種浪費的行為。不能浪費，是我人生的一個議題。我希望你能照顧一下我對浪費的敏感。」

這時，他們就在做一次真正的對話了。

我還曾聽到一個朋友說：「週末休息日，孩子制定了作息計畫。我想著尊重孩子，一整天沒怎麼過問，母慈子孝。等到晚上八點一看，他只把娛樂項目按計畫全部執行了，而三項作業裡有兩項沒做，我就發火了，因為孩子辜負了我的信任，我對他很失望。」

她對孩子行為貼的標籤是「辜負了我的信任」。可是孩子知道嗎？他不知道。他只曉得因為沒有寫作業而惹你生氣，但他永遠都想不到你是因為「信任被辜負」而生氣。他只會覺得：媽媽很苛刻。

所以，當你憤怒時，你可以先問自己幾個問題：

- **憤怒的時候，你在意的是什麼呢？什麼「點」對你來說很重要？**
- **對方知道你在意什麼嗎？你有表達過你的在意嗎？**

解釋的必要性

實際上，即使你表達了什麼對你來說很重要，對方還是會忽視。因為在他的認知裡，無法理解為什麼這個東西這麼重要。單純「重要」兩個字，並不能讓對方明白。而不理解，也就無法真正重視。

這時你需要做的就是進一步溝通。溝通並不是一件簡單的事。**溝通不是說話，溝通是說、聽、理解、反饋的過程。**在生活中，很多人不願意花力氣去思考如何溝通，只憑藉自己的感覺隨意說話。

溝通中很重要的一個元素，就是「解釋」。**解釋某個東西對你來說為什麼很重要，這樣別人才有理解、並照顧你的感受的可能。**

比如，一位同學說：「我每週都至少和爸爸通一次電話。最近工作比較忙，會提前和他約好

打電話的具體時間。上週約好了週一晚上八點半，但爸爸晚上七點半就打給我。當時我正在開會，看到來電，我的火氣突然控制不住，跑到辦公室外面，接起電話就責怪他一頓，抱怨他為什麼不按約定時間打電話。」

這位同學和爸爸約定的是「週一晚上八點半打電話」，他想強調的重點是「週一晚上八點半」這個時間。但在爸爸那裡，一部分訊息或許已經被過濾掉了。爸爸聽到的重點更可能是「打電話」，時間無所謂，最多能記到週一，不能更具體了。

因為爸爸理解不了為什麼八點半重要，自然就無意識地過濾掉了。我們聽別人傳達的訊息時，不會將全部細節都聽得很完整，我們會著重把自己想聽的訊息記住，把我們覺得不重要的訊息忽略掉。

對於這位同學來說，他很在意的是爸爸「是否能遵守約定」這個問題。但爸爸和他在意的重點不一致，因為在爸爸的處境裡，這不是什麼大事，所以自然就忘了，他也無法理解孩子為什麼這麼在意。

因此，當你向對方表達一個標籤時，你要向對方強調和解釋，讓對方理解，為什麼這個問題很重要。如此，才能引起對方真正的重視。

解決憤怒的方式之一，就是「告訴對方，什麼對你來說是重要的，以及它為什麼重要」。如此，你就能找到一種新的引起對方重視的方法，來代替憤怒這有點武力傾向的方法。

當然，這也未必有用。當你明說後，對方也很有可能是真的不在意你所在乎的，就算你憤怒了，他還是不在意，而且你越憤怒，只會越挫敗。

憤怒的正向意義

憤怒在告訴你，你在意的是什麼，並且在積極維護你所在意的東西。當你憤怒時，可以先暗示自己：「對我來說，有些東西很重要，我想去維護它！」這是我們需要感謝憤怒的部分。

憤怒除了能告訴對方要重視你所在意的，你還可以直接表達你的在乎，去解釋它。

有人可能會說：「我表達過了，也解釋過了，對方還是不改變，怎麼辦？」

表達、解釋只是我們維護自己在意部分的方法選項之一，不是絕對有效的方式。當你知道某個東西重要，你可以有更多的方法來維護自己重要的東西。比如「不浪費」對你來說很重要，那你可以要求自己別浪費、發起「全家省錢大作戰」等行動。

當他人對你憤怒時

當他人對你憤怒時，你也可以去好奇他對你貼的標籤是什麼；對他來講，重要的又是什麼。找到這個答案之後，就可以迅速地維護你們的關係。與對方一同珍視他所珍視的事物，你們的關係會迅速升溫。比如前文所提到買餅的妻子，當她發現先生在意的是「浪費」這個問題後，可以去欣賞他的節儉：「我看到你不願意浪費，你真是個懂得節儉的好老公。」

如此一來，你覺得她的先生會有怎樣的感受呢？

相反地，如果這位妻子想破壞他們的關係，可以這樣告訴先生：「浪費又怎樣？這一點都不重要！」

【思考與表達】

寫下你的一次憤怒經歷。是對誰產生的憤怒？發生了什麼？或者直接利用前面的憤怒案例。

1 找到讓你憤怒的標籤。

2 嘗試生成以下的句子，並大聲朗讀出來：

・＿＿＿＿＿＿**（標籤）**對我來說，是很重要的！請你重視它！

3 這帶給你的感受和想法是什麼呢？

4 你有沒有重視自己的這個部分呢？你有沒有向別人表達過，你很在意呢？你是怎麼表達的？對方是否接收到了你表達的在意？

5 如果可以為自己在意的這個部分說點什麼，來讓對方理解，你想怎麼去表達？

6 除了要求對方配合你實現外，你還可以為自己在意的這部分做些什麼？

7 欣賞自己的在意，你可以怎樣讚美自己？

化解評判
學習運用「具體化表達」

「你每次都這樣」，這是貼標籤

去除標籤，首先要瞭解標籤的產生過程。

貼標籤，用的是一個「以點及面」的邏輯，是一種「高度概括」的表達。你看到對方做的某件事，其實是一個屬於「此時此刻」的點。但你卻用了一個表達人格的詞去囊括，好像他一直都是這樣的人，這就是一個面。

人格具有穩定性。覺得一個人自私、計較、不上進、冷漠、霸道……時，我們在潛意識裡會感受到，並且傳達出兩個訊息：

- 你一直以來都是這樣的人，以前是，現在是，以後也是。

・你在很多方面、甚至所有方面都是這樣的。

伴侶此刻沒拖地，只是「家事沒做好」這個面上的一個點；而家事沒做好，只是「自私」這個面上的一個點。你用此刻沒拖地推導到自私這個面，就是「以點及面」，以偏概全。

從數學上來說，確定一個面，至少需要不在同一直線上的三個點。同樣地，確定一個人有怎樣的人格特點，也需要至少多蒐集一些不同領域的證據再進行評價。

以人格詞彙對一個人進行評價，無異於給他人扣上一頂大帽子，在你的世界裡，為他人的一生下了一個定論。

想像一下：你出去喝了一次酒，回到家後，就被伴侶扣上一頂「你就是個自私鬼」的帽子，你會有什麼樣的感受？再想像一下，你買了一支口紅，馬上被伴侶扣上一頂「你真是個敗家女」的帽子，你又會有什麼樣的感受呢？

這種打擊力度還是很大的。而且，對你也不怎麼公平。

兩個技巧，區分這是事實？還是標籤？

要破解憤怒，就要運用理性來推動自己，反概括、反標籤、反以點及面。

第一步就是做區分，要知道標籤只是其中之一的認知，並非代表事實。這裡有兩個小技巧，可以幫你做區分：

第一個技巧：找到他的「-A面」，證明他不是A

人格是一個立體的存在，並非平面。每個人本來就是眾多A與-A的結合體：既是上進的，又是不上進的；既是善良的，又是邪惡的；既是勤奮的，又是懶惰的。關於他是個什麼樣的人，只要你去找證據，都能相應地找到。

比如說，你對伴侶貼了一個自私的標籤。但只要你去找，就可以找到他不自私的至少三個點，以此來證明他不是個絕對自私的人。你對孩子貼了一個笨的標籤，那就去找三個以上證明他不笨的證據。哪怕一個人自己覺得「我是自卑的」，你都可以找到至少三個不在同一直線領域裡，他很有自信的點。

所以，即使你用三點確定了他的「A面」，也不影響他有另外三個以上的點，可以確定他的「-A面」。而你一旦開始意識到對方既有A、也有-A，對於「他這就是A」的執著程度便減弱，你的憤怒也開始被緩解。

第二個技巧：找到一個點所在的不同面

空間中的一個點，可以存在於多個平面。你可以找出當下自己憤怒的這個點，在哪幾個平面上也有。

當下也許伴侶沒做某件家事，這是一個點，於是你習慣性地確立了他很自私這個面。但其實這個點，不僅能說明他自私，也同時說明他愛自己、不強迫等，這些是不同的平面。

也許你的孩子總是犯相同的錯，這時你首先會意識到，這個點在不聰明這個平面上。但同時可以看到，這個點也在堅持、執著等平面上。

一個點是同時存在於很多不同平面上的。

你怎麼能把自己發現的這一個面，就當成唯一呢？

具體化表達

第二步是具體化表達，盡量避免替別人貼上概括化的標籤，盡可能地運用「描述事實」的方式進行表達。具體化的過程，就是反標籤的過程。

比如，孩子做錯一道題目。這時你該怎麼表達呢？

- 具體化的表達：「**這一題得出的結論，和正確答案有點差異。**」
- 相對具體的表達：「這一題你做錯了。」
- 概括化的表達：「這一題都不會，你太笨了！」

再比如，丈夫與朋友聚會晚歸。你可以有三種表達方式：

・具體化的表達：「**你今天回來的時間，比約定的晚了一個小時。**」

・相對具體的表達：「你今天回來晚了。」

・概括化的表達：「你一點都不體諒我，只知道自己玩，太自私了！」

在這兩個情境中，可以感受一下這三種不同的表達，會帶給你什麼體驗？

●從「容易溝通」的角度來說，越是具體化的表達，越是接近於事實；越是概括化的表達，越是遠離事實。造成的溝通後果就是：**越是描述事實，越容易溝通**；越是概括貼標籤，越容易引發對方的反彈，難以溝通。你跟孩子說「你這一題，和正確答案有點差異」，你們就相對容易聊下去。但你說「你怎麼這麼笨」，你們繼續溝通就會比較困難。

●從「憤怒程度」的角度來說，**越是具體化的表達，你體驗到的憤怒就越小**；而越是概括化的表達，你體驗到的憤怒就越大。

●從「對方受到傷害」的角度來說，越是概括化的標籤，越是傷人；而且越是誇張化的標籤，就更傷人；而**越是具體的表達，則傷害性越小。**

為什麼我們喜歡概括表達？

即使具體化表達是很好的，但你會發現表達起來卻很難。人們之所以喜歡概括化表達，是因為這是一件利大於弊的事情。

第一個好處：省力

概括就是歸納資訊。如果你能夠對各種複雜的資訊和現象進行歸納，就能在短時間內處理大量的訊息，並儲存在大腦中，大量的儲存又能幫助你更加快速地處理資訊。大腦非常聰明，它遵循著「最省力」的原則運行。為了省力，就需要歸納這些資訊，而歸納，就產生了標籤。

當你描述「我今天上了一天班，回到家裡，看到你沒有做飯，躺在床上玩手機」這麼真實、客觀的細節，會給你什麼樣的感覺呢？你會覺得麻煩、壓抑得難受。不如把這個現象概括為「我覺得你很自私」來得省力。但如果你想與對方有一種好的溝通、建立深度的關係，就必須用你的理智做一點推動。這個過程，需要「反省力」，也就是需要耗費你一部分的力氣。

第二個好處：可控性

貼標籤，就是用你已有的知識，去理解事物、理解他人的行為及理解這個世界。也就是說，貼標籤是一個透過已知去理解未知的過程。既然已知，也就相對可控了。所以說，貼標籤能夠給人帶來一種「可控感」。

比如你剛加入一家新公司，環境、同事等對你來說都是不熟悉的，這讓你感到有些不安，是一種類似失控的感覺。這時為了避免失控，你快速地對未知的他人貼上標籤，比如這個同事「溫和」、那個同事「暴躁」……有了這些標籤後，新的環境、陌生的他人就變得已知、可控了。

再比如說，丈夫常常莫名其妙地發脾氣，那麼他什麼時候會發火、為什麼發火，對你來說都是未知的。這種未知讓你小心翼翼、提心吊膽地生活，以此帶來的失控感太讓人難受了。怎麼辦呢？於是你對先生貼上「暴躁」、「情緒不穩定」、「神經病」等標籤，這樣好像馬上就能理解他為什麼發脾氣了，畢竟神經病時不時發火還挺正常的。

可控感雖然讓人舒服，但如果你想與對方有好的溝通和關係，就要面對這種失控。你會感覺茫然、迷惑，不知道如何表達，這時你需要一定的耐心和好奇，來完成關於對方的理解，找到你們一致、共同認識的標籤。

欣賞自己的聰明

當你憤怒時，也可以用一種欣賞的眼光，重新看待自己。我知道對有些人來說，欣賞自己是件很難的事。但如果你靜下心來觀察自己，就會發現自己是多麼棒。

你真的很捨得對自己好：說話採用最省力、少動腦的方式。能簡單、粗暴地溝通，絕不細緻、耐心地交流，這是你保護自己的一種方式。

當你面對自己不夠瞭解的人和事物時，懶得去細想到底是怎麼回事。你會用最簡單的方式完成理解，給自己的頭腦留出更多空間。

【思考與表達】

寫下你的一次憤怒經歷。是對誰產生的憤怒？發生了什麼？或者直接利用前面的憤怒案例。

1找到這次憤怒中，你對於對方的評價、標籤。你認為他是一個什麼樣的人。

2找到他-A面的三個證據，證明他不是A這樣的人。

3根據當下他做的這件事，找到除了A之外的另外三個平面。即找出另外三個可以概括的標籤，形容當下這件事。

4當從這兩個角度去思考標籤時，你會有什麼感受？

5嘗試運用具體化描述的方式，不帶評價地描述當下發生的事，並寫下來。而後嘗試與對方溝通，看看有沒有不同的效果。

憤怒時的否定
當我憤怒，你就是錯的

憤怒是一種「否定」

當我們對於一個人的行為進行評價，對其貼上一個標籤時，我們的內心也會同時對這個標籤產生判斷：

- 你這是好的，或者壞的。
- 你這是對的，或者錯的。
- 你這是高級的，或者低級的。
- 你這是應該的，或者不應該的。

我們的大腦，會把對方的行為，按照自己的價值體系進行歸類。就像是收納一樣，先為這個物品命名，然後放置到相應的儲物箱內。同樣地，如果我們把對方的行為貼上「自私」、「上進」、「善良」、「邪惡」等標籤，也會相應地把它們放置到「好」或者「壞」的儲物箱內。

當一個人憤怒時，他內心最直觀、最想說的話，其實是：

- 你錯了！
- 你這是不對的！
- 你這是糟糕的！
- 你這是低級的！
- 你不應該這樣！

這個過程就叫做「否定」。我們對別人貼了標籤，本身不會導致我們憤怒；我們的內心對這些標籤產生否定和不一致的衝突，才導致了我們憤怒。

你認為自私是錯的、不應該的，而他做了錯的、不應該的事，所以你憤怒。如果你認為這些是優秀的特質、是好事，你就會欣賞他，而不是對他憤怒。

你覺得他錯了，你就會憤怒嗎？是的。但比這更讓你憤怒的，其實是「他不同意自己錯了」。這時你就會產生一種新的衝動，想更加憤怒地把他的認知導正過來，讓他承認自己錯了。

因此，憤怒也在說：「這就是你的錯，你必須同意我！」

有人會覺得很奇怪，不禁發問：難道「自私」、「不上進」、「懶惰」不是錯誤的事嗎？難道不是不應該的事嗎？這不是事實嗎？難不成這還是好事？

有時的確是好事。你憑什麼說這些標籤，本質上來說就是錯的呢？只因為你覺得是錯的，它們就是錯的嗎？

自私是錯的嗎？

以自私舉例。我不知道自私是不是錯的，但我知道，敢於自私的人活得比不敢自私的人開心很多，自私的人比不自私的人要活得更久。如果自私是一種錯，那麼邏輯就會變成這樣：過得開心比過得壓抑要錯，活得久比活得短要錯。

但是，自私有時的確特別招人討厭，甚至會招人責罵。所以，從生活愉悅感的角度來說，自私是有利的、是好的、是對的。但從招人喜歡的角度來說，自私是有害的、是壞的、是錯的。

人為什麼會自私呢？因為在自私的那一刻，可以獲得更多的利益啊。而如果你太無私、太寬容、太謙讓，那一刻你可能就要遭受某些損失了。不過，從長遠來看就不一定，自私的損失可能會更大。而無私則有可能會是一種投資，以短期損失獲得長期平衡，以此獲益。

所以，從這一刻的獲益來看，自私是對的。但從長遠利益來講，自私是錯的。

很多媽媽會教孩子「出門在外，不要太善良，多自私一點，這樣能保護好自己」。也有另外一些媽媽教自己的孩子，「出門在外，不要太自私，這樣會比較好交朋友。」那麼，她們誰對

誰錯呢？如果一位媽媽明知道自己是錯的，還會教自己的孩子這樣做嗎？

從保護自己的角度來說，自私是對的。從交朋友的角度來說，自私是錯的。那麼，這兩種媽媽，其實是各有各的角度。

所以，從某些角度上來講，自私是錯的。而從另外一些角度看，自私就又是對的了。一個人站在什麼角度上，他就會對自私有什麼樣的認識。

不上進是錯的嗎？

不上進是錯的嗎？

我在某醫院精神科實習時，接待過一對前來求診的夫婦。這對夫婦都是博士，他們的苦惱是孩子太上進、太愛學習，還在讀小學，就夢想去美國讀博士。這對夫婦看著孩子才上小學就給自己這麼大的壓力，特別心疼，很怕孩子因為迷戀學習、太上進，而錯過童年的快樂。

對他們來說，上進是不好的。

但在這座城市中，很多平凡的父母，因為沒有獲得過高學歷而感到自卑或人生不完整，然後他們把這個現狀定義為失敗，並且歸因為不上進。他們覺得：都是我不夠上進，才導致我現在的平凡。這時他們看到自己的孩子不上進，就會憤怒，會覺得那是不應該的。

所以，上進對與否，這取決於從誰的角度出發，取決於這個人當下更想要的是什麼。

常聽到青年才俊「猝死」的新聞，他們過於勤勞。我們卻從未聽說過有人真的墮落死、安逸死、懶死。雖然我們經常詛咒一個人「你懶死了」，但從未真正見過這個詛咒在人身上應驗。

所以，不上進到底是對的，還是錯的呢？

對錯存在，但非絕對

這個世界上有對錯之分嗎？有的。但在討論對錯之前，一定要先確立兩個要素：「觀察者」和「標準」。

看過一部電影講一個走私藥物的故事。主角不為盈利，只為拯救那些買不起正版藥的人能活下來而走私藥品。他錯了嗎？從法律上來講，他是錯了，因為走私犯法。但是對那些被他拯救的患者來說，他又是對的。

對錯是存在的，誰制定了標準，對錯就由誰來決定。從你的角度看，他錯了；但在他的角度，他卻是對的。你們的視角不同、標準不同，結論就不同。其實不存在「客觀」上誰對、誰錯。不僅是「對／錯」這樣的二元對立，實際上一切評判，都是需要「標準」才能存在的。高低、胖瘦、富窮、遠近、上下、聰明和愚笨，這些形容事物的詞，都是無法單獨存在的。

我們說一個人「很傻」時，內心一定先有了一個「不傻」的角度和標準，才能下這個結論。比如你覺得某人很傻，得有一個比較，是跟什麼比、跟誰比很傻。如果再換一個低標準來做比較，他就變得聰明了，只不過平時我們為了方便表達，會無意識地忽略標準。這樣的表達無傷大雅，但在一些容易產生分歧的情境中，這種標準就不能再被忽略。

對錯，建立在一定的「標準」和「角度」上

當一個人對你憤怒時，他覺得你錯了。而你面對他的憤怒，同樣也會感到憤怒，你也覺得他錯了。你們互相覺得對方錯，於是就有了爭吵。

所以兩個人吵架的經典對白，一般如下：

A：你錯了！

B：我沒錯！

A：你就是錯了！

B：你才是錯的！

……

那麼，到底誰是錯的呢？

我們不強求你在表達時不去否定別人，畢竟悶著很難受。我們只是建議，**表達對錯時，加上「標準」和「角度」**。

如果你覺得自私是錯的，準確地說，應該這樣表達：「你的自私影響到了我的利益。從我的利益出發，你這是錯的。」但是對於對方來講呢？就變成了：「我自私**（在他承認這個標籤的前提下）**，是為了保護自己的利益不受損，對我來說，這就是對的。」

當別人對你憤怒時，你也可以與他做一些探索，嘗試去發現：對於對方來說，他是從哪個角度出發，認為你是錯的呢？

【思考與表達】

寫下你的一次憤怒經歷。是對誰產生的憤怒？發生了什麼？或者直接利用前面的憤怒案例。

1找出這次憤怒中，你對於對方的評價以及所貼的標籤。然後生成以下這樣的句子，並大聲朗讀，體驗一下你內在的感受：

・你＿＿＿＿就是錯的！我說了算！

・你＿＿＿＿就是不應該的！你必須同意我！

2找出你是從哪個角度評定他這樣是錯的。

3完成這個句子，並大聲朗讀，然後寫下你的感受：

・對我來說，從＿＿＿＿角度來說，你這就是錯的！

4試著猜想並寫下來：他是從哪個角度出發，認為自己這麼做是對的呢？當你按照這樣的步驟寫完後，你的感受是什麼？

全面否定

你怎麼什麼地方都不好

憤怒是一種「悲慘感」

當你憤怒時，除了生氣，內心深處還會有一種悲涼感，有個聲音在說：「我好慘啊。」憤怒的人，看起來是個攻擊性很強的人，對別人進行攻擊、施虐，強迫別人做改變。但是他自己的內心體驗卻是「我是個受害者」，覺得「我受傷了」、「我好可憐」、「好委屈」、「好慘」、「好倒楣」、「好不幸」。

一個人對伴侶憤怒時，可能會這麼想：「我怎麼這麼倒楣！我當初瞎了眼才看上你！」一個人對孩子憤怒時，也可能會這麼想：「我怎麼這麼不幸！我是上輩子造了什麼孽，這輩子養一個這麼不聽話的孩子！」

聽起來就覺得這個人好慘啊。但實際上真有這麼慘嗎？其實未必的。但是人在憤怒時，卻容易體驗到「我很慘」。他們會不斷替自己加碼，才能讓自己持續憤怒下去，讓憤怒的效果更好。而「我很慘」，就是一種對憤怒強而有力的助燃劑。

為了能進一步體驗到「慘」，人就要啟動另一個憤怒的殺手鐧：**「全面否定」**。

試著回憶一次你的憤怒經歷，是否使用過類似的話語：「你一點都不」、「你從來都」、「你每次都」、「你總是」、「你根本就」、「你簡直太」……

「全面否定」，是一種誇張式的表達，是一種概括化。在這種表達裡，會把一個人定義成任何事情都做不好，也會把一個人此刻沒做好此事，上升到什麼時候都做不好。此刻你沒做好，無論你既往做好了多少，在此刻都全部歸零。

貼負面標籤是一種「以點及面」的人格否定，以偏概全：你一件事沒做好，我就要上升到人格層面，否定你整個人。「全面否定」則更進一步：我覺得你每時每刻都在踐行這個糟糕的人格。平面變成了立體，二維變成了三維。

全面否定是想表達「強調」

一位同學說：「老公答應我晚上回來做飯給我吃。結果下班時，又打電話跟我說，他晚上要和同事去聚餐，叫我自己吃。」這位同學對丈夫貼的標籤是：不守承諾。

單純覺得先生不守承諾，是標籤，是憤怒的一級助燃力。緊接著，憤怒就燃燒了第二級助燃力，對行為予以否定：「你不守承諾是不對的！」這時憤怒感就開始上升。

但憤怒之火還想燒得更旺，那該怎麼辦呢？接下來就可以啟動三級助燃力了——全面否定：

・你從來都不守承諾！

・你一點都沒有信用！

・你每次都出爾反爾！

・你總是不顧我的感受！

這時再憤怒起來，就感覺過癮多了。

有位同學曾向我抱怨：「我媽媽總是說我『你從來都不收拾房間』，我很委屈。我哪有從來，我只是那幾次沒有收拾被她看見而已。她為什麼看不到我做得好的地方？」

我告訴她：「你以為媽媽真的是總結了所有經驗、進行了嚴格的邏輯推理，這麼理性地得出『從來都不』的結論嗎？媽媽在那一刻，只是想告訴你，她很在意這個問題。她只是想強調她的憤怒程度。」

同理，媽媽的經典語錄之「你怎麼每次都這麼笨」、「你怎麼什麼都做不好」，也並非在描述事實，而是在表達嚴重性，強調自己的憤怒感。

伴侶之間也經常有這種反問：

・難道我就沒有一點好嗎？

・難道我一點對的地方都沒有嗎？

毫無疑問，當一個人這麼反問時，他就完全陷入對方的字面意思裡去了，看不到對方只是在強調他的憤怒程度。

一個人之所以把話說得又狠又絕，其實只是想強調這件事對他來說多麼重要、他有多麼受傷。

全面否定的形成

人的這種全面否定的習慣，是怎麼形成的呢？

有很多人的世界只存在二元對立，非此即彼。他們看待問題時，運用的是非黑即白、非全即無、非百即零的邏輯。他們的潛意識裡是非常苛刻的，對於事情有一種特別理想化的追求。他們要求別人完美，不能出現一次錯誤。你錯一次，他就憤怒一次，直到你再也不出錯了，他才不憤怒。

有些人並不認為自己追求「完美」，他們會覺得，對方「偶爾」錯不要緊，不要「天天」錯、「經常」錯。但其實你再進一步問：「對方哪次錯，你是可以坦然接納的呢？」就會發現其實根本找不出。因此他們潛意識裡想要的，是對方從來都不犯錯。

雖然他們表面上是個成年人，但內心依然停留在「非好即壞」的嬰兒階段。因為嬰兒有一個特點：瞬間即永恆、此刻即永恆，意思就是，此時此刻，就是我的全部。

當嬰兒因為飢渴、冷熱、寂寞、恐懼等原因感到不舒服時，會嚎啕大哭。如果這時媽媽趕緊跑來安撫，或將乳頭塞到嬰兒的嘴裡，或滿足他其他的需求，嬰兒就會停止哭泣，平靜下來，露出燦爛的笑容。在嬰兒的世界裡，他體驗到了滿足感，這個媽媽就是「好媽媽」。

反之，當嬰兒不舒服、沒有被媽媽安撫時，就會很難受。媽媽可能那時不在身邊，聽不到嬰兒的哭泣；或者是聽到了，但坐視不管；也可能是辨識錯需求，嬰兒需要擁抱，而媽媽卻非要給他餵奶。嬰兒為了增加內心的可控感，就把這個媽媽識別為「壞媽媽」。

嬰兒沒有整合能力、沒有時間觀念，沒有辦法辨認出好媽媽和壞媽媽其實是同一個人。此刻媽媽好，那就是都好；此刻媽媽壞，那就是全壞。無論媽媽此刻是好、是壞，那一刻，媽媽就是永恆的媽媽了。

嬰兒在三、四個月後，開始發展出記憶功能和整合能力，那時才能辨認好媽媽和壞媽媽是同一個人。如果嬰兒在這個階段沒有發展好，雖然理性上仍會發展出記憶能力，情感上卻依然無法整合，長大後看待別人，也會重複嬰兒期看待媽媽的狀態——即眼前這個人，要麼都好，要麼全壞。

當別人滿足我時，就都好，我特別開心，感覺自己上輩子拯救了銀河系，遇到一個這麼好的人。但是當別人不滿足我時，他就是全壞的，我特別憤怒，感覺自己上輩子犯下滔天大罪，才遇到一個這麼壞的人。

這一刻，你全然忘記了帶給你傷害的人，恰恰是昔日無數次對你好的人。

全面否定的好處和壞處

運用全面否定，給對方帶來的打擊是非常巨大的，像是給對方一記原子彈等級的爆擊，保證他可以「原地爆炸」，同時對你和你們的關係也會造成很大的傷害。

全面否定之所以能讓人「原地爆炸」，是因為它讓對方體驗到極大的被否沒感和被誤解感。明明他只是犯了一個小錯誤，經你表達卻成了一個天大的錯誤。明明他只是做了這一次、或只錯了一點點，經你的表達後，卻變成了一個慣犯。他會覺得自己好的部分都被泯滅了，自己遭受了極大的誤會。

如果你想挑釁一個人，就可以利用全面否定的技術，通常會取得極好的效果。比如看一個人不順眼時，你可以告訴他：「你一點都不好！」「你渾身上下沒有一點好的地方！」「你簡直是太醜了！」「你永遠都這麼自私！」

但如果想要建立關係，就要少用誇張化的詞彙，因為你終究已是一個成熟的成年人，不可能永遠以嬰兒的思維與人相處。而成長，就是在憤怒時，發展出理性的整合能力：**「他只是這次這樣，還是每次都這樣？」「他只是這一點不好，還是所有地方都不好？」**

但另一方面，你又會發現這很難。**因為人的潛意識之所以選擇全面否定，是因為這會帶來很大的好處。**

好處之一：很痛快

如果不誇張地表達，便難以發洩心頭之恨。只有把對方描述成一無是處，才能體會到自己足夠慘。而我越是感覺到自己很慘，才越能顯得對方特別壞。

因此，人要在大腦裡無限制地對問題進行加工、概括化，把對方想像成全壞，才能讓自己憤怒得理直氣壯。

好處之二：可以引起對方足夠的重視

小錯，是不夠讓對方重視的。

要描述成「大錯特錯」，才能引起對方足夠的重視。

好處之三：保護自己

「你從來都不愛我，一直這麼自私。」這該是多麼絕望的體驗。

盡快地體驗到絕望，有什麼好處呢？就是可以在心裡決定離對方遠一點，保護自己。

人在感覺到對方特別壞時，會產生想離開他的衝動，但即使如此，你還是得忍著去溝通，這就是保持和諧關係的代價。因此，你也必須找到新的、能引起對方重視的辦法，而非用全面否定的方式。

同時，如果別人用了全面否定的詞彙，你要知道，他只是想強調自己內心的憤怒有多大，而並非在描述客觀事實。

「全面表達」，才有利於關係和諧

使用「每次都」、「從來不」等帶有全面否定意味的詞彙，只是全面否定的基礎。比這更厲害的全面否定，是只在對方錯了的時候表達，沒錯時從不表達。對方做得好時，沉默不語（要麼是你意識不到，要麼是即使意識到了也不願意讚美）；但等到對方做錯時，你卻可以馬上意識到並及時指出，像是發現寶藏般興奮地表達。

這種現象，叫做「選擇性注意」。人的潛意識裡只對於對方的錯誤感興趣，關於對方表現好的地方會自動忽略，覺得做得好時沒必要說，沒做好時才需要說。

這種選擇性注意的結果，就是對方只聽到你在表達否定，卻從未聽過你肯定。他會覺得自己怎麼做都無法讓你滿意，他被你全面否定。

有些人會覺得，其實自己也會稱讚對方，告訴他「你很棒」。我邀請你感受一下：你在稱讚時，是具體地、認真地指出他哪裡棒，還是用一些很概括的詞呢？當你表達否定時，具體程度

是一樣的嗎？無論肯定、還是否定，你的情感濃度是一樣的嗎？自在程度也一樣嗎？

我開過一堂溝通課程，在課堂上會教授如何對一個人表達認同。當時有位同學說：「我發現我對老公表達感謝和認同時有些彆扭。傳訊息還可以，面對面講卻醞釀很久也說不出來。還是罵他的時候比較順口。」

這位同學傳遞出去的，就是全面否定。

這種全面否定，可能與原生家庭有關係。在你小時候，可能有一對你怎麼做都對你不滿意的父母，所以你長大後就複製了這種模式，對你的伴侶、孩子等親密的人也是如此。複製父母的模式，就是人潛意識裡對父母表達忠誠的重要方式。

為什麼要這麼忠誠呢？一方面，你從小耳濡目染的就是批評，沒有人教過你如何稱讚別人，卻有人不斷地教你批評的話語。

另一方面，我們下一章會展開：感受一致，就是我們與父母親密的方式。

並不是要你盲目地讚美。只是建議你，當你在表達時，不僅要把對方的不好表達出來，也要把他做得好的地方表達出來。

全面的表達，更有利於維護和諧的關係。

【思考與表達】

寫下你的一次憤怒經歷。是對誰產生的憤怒？發生了什麼？或者直接使用前面的憤怒案例。

1根據你的標籤，生成這樣的句子，並大聲朗讀，體驗一下有什麼感受：

・你簡直太＿＿＿＿！

・你從來都＿＿＿＿！

・你一點都不＿＿＿＿！

2找出他沒有這麼做的三個時刻。當你找出這些時刻時，你的感受是什麼？心態有什麼樣的變化？

3觀察一下令你憤怒的對象，你是否對他有過讚揚？你稱讚時的情感濃度，和你表達否定時，有什麼不一樣？

憤怒中的規則

我的規則，即是真理

憤怒來自「規則」

憤怒時，如果只是單純地說「你這是錯的」、「你不應該這樣」，會讓人感覺你在無理取鬧，甚至你自己會有很強的無力感。畢竟，「覺得對方錯了」只是你個人的一個角度，難以支撐起憤怒時的理所當然感。

人之所以能憤怒得光明正大，是因為在潛意識裡，替自己的憤怒找到了靠山，讓自己的憤怒可以更坦然。當一個人有靠山時，你會發現他內在的能量變得非常強大，彷彿有無窮的信心和力量。

憤怒也有靠山。憤怒的靠山就是：一個人內心深處的規則。

錯誤來自於規則；有規則，才有犯錯。規則就是對標籤進行否定時，背後的理論支撐。比如說，「自私」是一個標籤，我要對這個標籤進行否定，判定為「你自私是錯的」。那我做這個判斷得有理論支撐啊，畢竟我這個大法官是公正的，可不是那種濫用職權的人。我審判你時，所依據的法則就是「人是不應該自私的」。

你能聽到的很多關於「人應該」、「夫妻應該」、「朋友之間就是應該」等描述，都是一個人內心深處的規則。

曾有位同學向我表達他的憤怒：「我重感冒又咳嗽，老闆居然對我說『不要以為你咳兩聲就不用工作了』，這令我非常憤怒！」

我對他進行訪談，發現在他描述的憤怒裡，對老闆貼的標籤是「不關心我」，對老闆的否定是「你不關心我是不對的」。原來他的內心深處有一個規則：老闆應該關心自己的員工。

這是一個非常具體化、可被意識到的規則。背後一定有一個更深的規則，來指導這個具體的規則。於是我繼續問他：「老闆為什麼要關心員工呢？」他說：「因為老闆是強者。」所以將這個規則昇華後，就可以找到他潛意識裡更深的那個規則了：強者應該關心弱者。

有了這個規則支撐，加上老闆是「管理者」與「健康者」的雙重強大的存在，而他是「被管理者」與「病人」的雙重弱小的存在，他的憤怒感就更加強烈。

我們來體驗一下，這兩句話所帶來的不同威力：

- 你應該關心我！
- 身為強者，你應該關心弱者！

帶有規則的表達，會讓你覺得自己憤怒得更加坦然、更有自信。

規則越多，越容易憤怒

規則就像埋在一個人心底的地雷，別人在與你往來時，就是在掃雷。你的雷越多，別人觸雷的機率就越高、遭遇的爆炸也越多。同樣地，**一個人內在的規則越多，別人觸犯他規則的機率就越高，他也就越容易憤怒。**

比如，對於一個媽媽來說，如果她的內在規則包含：

- 人應該講衛生。
- 人應該守時。
- 人應該誠實。
- 人應該勇敢。
- 人應該有禮貌。
- 人應該外向、開朗。
- 人應該節儉。
- 人應該做事俐落。
- 人應該認真。

・人應該聰明。

・人應該有自覺。

・人應該考慮別人的感受。

……

那你就能想像她在與自己的孩子相處時，雙方會有什麼樣的心情。

在婚姻關係中也是。想像一下你有一個內在規則非常多的伴侶，那是一種什麼樣的體驗？小到牙膏應該怎麼擠、蒜應該怎麼拍、消費時應該怎麼講價、一塊錢應該怎麼花，大到人是否應該有能力、有責任、有擔當，他都有自己的想法。跟這樣一個人生活在一起，你會感到你的生活中充滿這兩件事：

・果然會挨罵！

・怎麼又挨罵了呢？

這些規則的地雷埋在什麼位置、具體有哪些種類，就連當事人也未必知道。但是當他憤怒時，這些規則就會暴露出來，我們才曉得：「哦，原來他有這樣的規則。」

所以**憤怒有一個好處：它暴露了一個人的內心有哪些地雷。我們可以藉著憤怒，去發現它。**

苛責程度越大，越容易憤怒

規則的多寡，只是決定一個人憤怒的指標之一。關於規則，除了多寡，還有一個可以決定憤怒的指標：苛責程度。也就是說，你有多麼不允許違反規則，和多麼能夠允許違反規則。這分為兩個方面：

- **規則的重要程度。**
- **規則的包含範圍。**

一個人的規則也分輕重緩急。越是重要的規則，對方違反時，憤怒值就越是強烈；越輕微的規則，對方違反時，憤怒值則越微弱。

規則的重要程度與現實是無關的，只跟這個人的「認知」有關。如果「他認為」這是原則問題，那麼地上有根頭髮也可以變成天大的事。

規則的範圍，則是指它的邊界。

比如說，「人應該有能力」這個規則，多大程度上算是有能力呢？你對他的要求是買別墅才算有能力？還是能租屋就算是有能力呢？

比如說，「房間應該保持乾淨」這個規則，到底是一塵不染才算乾淨？還是沒有亂糟糟就算乾淨呢？

比如說，「人是不能遲到的」這個規則，多大範圍內算是遲到？你能接受孩子上學遲到五分鐘，還是可以遲到一節課？有的媽媽甚至會認為沒有提前十分鐘到學校，就算遲到。

有的媽媽喜歡盯著孩子寫作業，寫一個字，筆劃的順序寫錯了，她們就認為這是個錯誤，是特別不認真才會犯下的錯誤，一定要發火來導正他這個錯誤。這位媽媽關於「認真」的包含範圍就特別細密。

你的規則包含範圍越大、越細密，你對別人違反規則就越敏感，別人踩雷的機率也就越高。

規則從哪裡來？

這些規則，是一個人從小到大一點點學會的。一個人內心所形成的規則，一定是小時候父母以同樣的方式對待過他，讓他在與父母的互動中，形成了這種範本。

對孩子來說，他對世界的認知幾乎為零。他怎麼在這個社會上生活，很大一部分是母親對其言傳身教、耳提面命的結果。如此，孩子就慢慢形成了他的規則範本。

帶著這樣的規則範本，孩子首先走進了預備社會——學校。而後學校對他進行了磨練和修正。等他長大後，社會又對他進一步磨練，並嘗試修改其一些不符合社會規則的規則。

而當衝突發生時，人們的反應就會有兩種：

靈活的人格：有助於反思自身

人們可以重新去思考，哪些規則是合適、應該保留的，哪些規則需要被修改、應該被放棄。

僵化的人格：則會選擇憤怒

他們對於規則沒有反思能力，認為規則是唯一的，世界本該如此。於是他們會責怪別人為什麼不遵守規則、為什麼要挑戰自己內心的規則。

一個人之所以憤怒，並非因為他不想修改自己，自以為是。而是他沒有能力看到，這個規則只屬於他，未必屬於這個世界。

「大家都……」是規則的強化

人在憤怒時，是處於無覺知的狀態。基於一個人有限的認知經驗，他在對別人進行否定時，內心深處並不認為他是在用自己所制定的規則，而會認為事實本該如此。他認為「人就是應該這樣」，而非「我覺得你應該這樣」。他認為自己所堅守的規則是一種「真理」，是全世界通用的、唯一的、每個人都必須遵守的規則，而非「我的規則」。

為了驗證這個「真理」的正確性，他還會找很多幫手和目擊證人來證明：

所有人都這樣。

正常人都這樣。

大家都這樣。

世界本來就應該這樣。

在這樣的背景下，你還不執行這個規則，就足以說明你是錯的。因此，一個人在憤怒時，其實內心的真理感是非常強烈的。

這部分，我稱之為「對憤怒的加持」：一旦把規則上升到真理層面，你的憤怒感就會被徹底引爆。這時，憤怒的過程就變成：

我先對你的行為貼個標籤，認為「你就是……的」。

←

再對這個標籤進行否定，認為「你……是不對的」。

←

接著對這個否定來點概括化，認為「你哪裡都不好」、「從來都不對」。

←

最後使用「真理」加持否定，認為「人就是應該……」。

我把這個過程，稱為憤怒的四級助燃力。就像是火箭一樣，點火、加速、再點火、再加速，最後以最大的速度衝出地球引力的禁錮。

真理感，就是憤怒最後的一擊。

關係需要磨合

既然對方身上有那麼多隨機的地雷，那我們為什麼還要跟他來往呢？

因為他對你來說，是有價值的。你可能從他身上，得到了你想要的照顧、安慰、愉悅、財富、啟發等滿足感。比如媽媽提供給孩子生活條件、朋友之間的相互支持、夫妻之間的相互關心等。

價值就像是金子，人際往來，其實就是在互相採礦。你的金子越多，別人靠近你的動力就越大，這時，人際往來就成為一場博奕：他不知道此刻觸動你的到底是金子、還是地雷，不知道這一刻是驚喜、還是驚嚇。而你們需要透過相處來互相摸索。這個過程就叫「磨合」。

如果他離不開這些金子，就需要去適應你的規則、為你做出妥協，如此就可以盡可能地避免踩到地雷。但如果他發現在你這裡的受傷感，大於你所提供的價值時，他就會離開你。

所以，易怒的人，人緣通常不怎麼好。一個易怒的媽媽，掌握了那麼重要的生存資源，也能逼著孩子盡早地離家出走；尤其是長大後，孩子極度不願意再與她聯繫。

如此，讓別人不離開你的方法就變成：

讓你的金子變多點，使他對你更有興趣。

讓你的地雷變少點，使他和你少一些摩擦。

「我不允許你和我有差異」的摩擦

有些人會覺得「對方難道不應該像我說的一樣嗎？」」，這種人其實是在拒絕磨合，只希望對方改變，而自己保持不變。實際上，你的規則是否正確、或是否應該被遵守，並不重要。只要別人不同意你的規則，就夠你憤怒的了。

要求對方遵守自己的內在規則，往往容易引起對方的抗拒。因為別人也是有自我的人，他有自己的規則運轉系統，與你不同。兩個獨立個體在一起互動，實際上就是兩套規則在相互碰撞，這時必然會有摩擦。

你有規則A，我有規則B。當A和B不一樣時，摩擦就開始產生了。要解決這矛盾，至少有五種方法：

- **你妥協，放棄A。**
- **我妥協，放棄B。**
- **折衷：你放棄部分A，我放棄部分B。**
- **分開：保留A和B，我不再改變你，你也不再改變我。**
- **透過講道理、說服、利益交換等手段，心甘情願地達成某種一致。**

憤怒的意思，就是我選方法一（你妥協，放棄你的規則），而選一的結果，就是要求對方「你得放棄自我」。因此憤怒也是在說：

- 我不允許你跟我有差異！
- 我不允許你有自己的生活規則！
- 我不允許你有自我！
- 你必須同意我的規則！
- 你必須按照我的規則生活！

正常人都不會願意為你這麼做的，所以你的憤怒絕大多數都是無效的。

當別人對你憤怒時，對你來說，也是一個契機，你可以藉此去瞭解：他內在的規則是什麼。然後你就能發現你們倆規則的差異，並為此做一點什麼。你可以妥協、也可以讓對方妥協，可以折衷、也可以分開，或者可以嘗試說服對方，哪種方法都可行。

欣賞對方是個獨立的人

當你無法與對方的規則達成一致時，可以先試著去欣賞對方：對方有自我是件好事，代表你們是兩個獨立的人，有碰撞、有衝突，同時也有了生機。對方按照你的規則來生活，他就成了你的傀儡、你的機器人，這並不是一件好事。

你可以想像一下這幾個場景：

．你有個伴侶。他的規則和你完全一致，並且從未違背過，就算與你發生衝突也會馬上放棄，並順從於你。對於這樣的伴侶，生活久了，你會有什麼感覺呢？

．你有個孩子。他完全接受你的教育。你所教的一切都是對的，他都同意，並且積極實踐。他完全活成了你期待的樣子，並一直按照你的要求去生活。他幾乎不會叛逆。即使叛逆，在你表現出不滿意時，他就立刻放棄自己的規則，順從於你。你喜歡這樣的孩子嗎？

所以，憤怒固然讓人難受，但憤怒其實正是在提醒你：對方是獨立、有主見、有自我的個體，不是你的玩具、不是你的奴隸、無法被你驅使。當衝突發生時，他不同意你，但你渴望他同意你，那你就只能不斷嘗試以有效手段去慢慢協商、溝通，來協調你們的關係，而非強制。也正是因為他與你不一樣，才讓你的生活充滿了生機。

同時，**你也可以去欣賞一下你自己。你的憤怒在說：我有自己的原則，在我們的關係中，我不想輕易放棄、妥協。**

憤怒在說，你是一個渴望堅持自我的人，你是一個有原則的人，你是一個有主見的人。雖然

這些原則和主見並非所有時候都能帶給你快樂，但這並不影響許多時候其實它都在保護你。你可以為自己的這個部分而感動嗎？

你需要做的，從來不是完全放棄自己的規則。你只需要在某些特別的時候，適度地看見別人的規則、適度地放棄自己的一部分規則。

【思考與表達】

寫下你的一次憤怒經歷。是對誰產生的憤怒？發生了什麼？或者直接使用前面的憤怒案例。

1找出這次憤怒中，你所使用的一個或多個規則。

2你覺得在這個事件中，對方可能使用的規則是什麼？

3嘗試生成這樣的句子，並大聲朗讀，當你讀完，體驗一下有什麼感受：

・我認為人應該＿＿＿＿＿＿，你必須同意我！

・你必須放棄你認為人應該＿＿＿＿＿＿的規則！

・你必須遵守這個規則！

・你不能有自己的規則！

・我的規則就是正常人乃至全人類都應該遵守的！

．如果你不遵守，我就很憤怒！

4你如何看待自己的這個規則？

5你如何看待對方的規則，以及你們規則之間的差異？

6你的這個規則是如何形成的？在什麼時候是有益於你的？什麼時候是阻礙你的？

7你打算怎麼處理你的規則，保持，還是修改？具體如何做？

協調差異
以接納與尊重，處理差異

和諧地溝通

孔子曾說「君子和而不同」，意思是君子之間，可以有不同的看法，但是依然保持和諧。孔子為人際關係找到一條和諧的出路，那就是：**「允許不同」**。

以和諧的方式處理差異，最基本的要素就是「接納」和「尊重」。但首先要確立一點，接納與尊重雖然是和諧處理差異的好方法，但這種方法的弊端就是費時、費力、費神，需要一個人的心理能量比較飽滿。這種方法，其實不需要每次面對差異時都使用，但你可以掌握這種技能。這樣在你認為有必要時，就可以運用了。

除此之外，有時用指責、講道理、妥協、控制等方式，也是處理差異的有效方式。每種方法，都各有利弊。

第一步：中立與好奇

和諧處理差異的第一步，就是「中立」與「好奇」。

「中立」，就是意識到自己的評價、否定和規則只是自己的想法，並非事實，然後把它們放到一邊。關於中立，有一句話這樣講：「凡所有相，皆是虛妄。若見諸相非相，即見如來。」當你對他人的行為保持中立時，你才可能真正去理解真實的他人，到底是怎麼樣的。

假如你是一名偵探想要破案，眼前這個讓你生氣的人，暫且認定他是犯罪嫌疑人。那麼，你想要破案，就不能靠猜，而要靠審問、靠證據，要有確切的證明。在沒有確鑿證據證明他的確就是這樣的人之前，你不能做出任何「這就是事實」的判斷；即使下了這樣的判斷，也要知道這是你的假設，而非事實。

這麼說並非要求你內心不能有對他人的看法，畢竟這是不可能的。我們面對一個惹自己生氣的人時，內心難免有各種厭煩和批判。但此時你要知道，這只是屬於你個人主觀的觀點，而非事實。

你可以有標籤，覺得他就是這樣的人；你可以有否定，覺得他這樣是不對的；你可以有規則，覺得人生就應該是你想的那樣。**但你要知道，這些只是你個人的觀點，而不是客觀事實，他人並沒有同意你的義務。**

那麼，如何做到中立呢？**你一定要把以下的話內化到大腦裡，每當你感到憤怒時，這些話能夠自動彈出來：**

●此刻我理解的他，一定不是真實的他。

●他內心的規則，一定與我的規則不一樣。

如此，你就可以好奇：他給自己的標籤是什麼？他對你的否定是什麼？他內心的規則是什麼？

舉個例子，孩子就寫作業的事情與你討價還價，你可以好奇：

- 他怎麼了？
- 他為什麼跟我討價還價？
- 他怎麼理解自己的這個行為？
- 他怎麼看待我對他貼的「不認真」的標籤？
- 他怎麼看待我對他的否定？
- 他怎麼看待我的規則？
- 他知道討價還價我會不開心，為什麼還要頂著這個壓力這麼做呢？

第二步：接納差異

一、即使你覺得「全世界都應該……」，他也有不同意的自由

接納別人，就是允許別人的想法與你的想法不同。**接納是件很無奈的事，是不得不去做的事。因為有時對於別人，你什麼都改變不了**，尤其是控制別人的思想、改變別人的觀點這件事。每個人都擁有平等的價值觀和選擇權。

這個世界上，的確有很多大眾層面的規則是大多數人都認同和遵守的。比如，人應該有道德、善良、無私、準時、誠實、謙虛、努力、尊重……但即使是大眾層面的規則，依然不是每個人都必須認同的。

遵守大眾層面的規則，有很多好處：更被別人喜歡、活得更安全、看起來更正常、更被周圍人所接納等等。但**即使大多數人都如此，即使正常人都如此，每個人依然有權利說：「我不願意。」**大眾層面的規則，其實是一種美德。美德從來不是一種強迫別人的理由。

冷漠、不負責任的人，你可以說他們是沒底線的、不道德的、該被罵的。但這依然只是一種選擇，而非必須。你不喜歡這樣的人，可以去改變他；改變不了他，你可以離開他。但是既改變不了他、又離不開他，如此，你就只能接納他了。

這就是你要接納的第一件事：即使你覺得「全世界都應該……」，他也有不同意的自由。

二、即使他此刻同意你，也不代表他所有時刻、所有事情都同意你

也不要天真地認為，換一個價值觀相同的人，就能解決彆扭和憤怒。世界上並沒有價值觀相同的兩個人，哪怕是基本的價值觀，也很難相同。**因為人內心的規則，是階段性的、事件性**

的，會隨著事情、環境、時間和心情等因素的變化而有所不同。

人其實都有雙重、甚至多重標準。人所遵守的規則，看起來是穩定的，但其實一直在變。就像我們經常在電視劇裡看到的，好人受到現實中的某些刺激會變壞，壞人受到了某些感召會變好。這些都在說明：人的規則，是變動的。

心情好的時候、看你順眼的時候，會覺得「我應該關心你」；自己麻煩事一大堆時、懶散時，就會有「誰來關心我一下啊」的想法。人在受到刺激時，覺得不能再這麼平凡下去了，會同意「人應該上進」；但是在懶散或者感到憂鬱時，會反問自己「上進有什麼意思」。心情不好時，想放棄不做了，恨恨地心想著「算了，不負責任了」；但心情好的時候，誰不想擔起這一份責任呢？

這是你要接納的第二件事：即使他此刻同意你，也不代表他所有時刻、所有事情都同意遵守這個規則。

所以，價值觀不同的人，能在一起生活嗎？

兩個人相處時，不可能、也不需要所有方面的規則都一致。**健康的關係其實是這樣的：信念相同的地方，我們彼此相愛；信念不同的地方，我們互不干擾。**

人與人之間健康的情感狀態也是這樣的：有時相愛，有時分離；有的地方相愛，有的地方分離；也就是既彼此融合，又彼此獨立。

所以與其思考如何找到價值觀相同的人，不如學習「如何與不同相處」更重要。畢竟，差異是必然的。

第三步：尊重

尊重，就是允許別人跟你不一樣，尊重別人的想法、價值觀、生活方式與你不同。當你開始接納別人不同於你的地方時，你才開始真正地看見他人。

在你的世界裡，地板應該保持乾淨。在他的世界裡，地板只要能走人就行。當你無法忍受地板不乾淨，可以去徵求他的意見：「地板可以打掃嗎？畢竟是我們共同的地板。」

在你的世界裡，孩子應該被保護。在他的世界裡，孩子應該被嚴格管教。當你無法忍受孩子被罵，也可以去徵求他的意見：「孩子我可以保護嗎？畢竟是我們共同的孩子。」

這兩個問題聽起來很可笑，背後卻是很深的尊重：我允許你跟我想的不一樣，我不批判你的不同比我更好或是更壞。**我們只是不同，沒有好壞。**

尊重，就意味著我們是平等的，沒有誰好誰壞，沒有誰高誰低。自私是沒有好壞的，傷害孩子是沒有好壞的。你覺得你是對的，從來都不是別人也認為是對的理由。你覺得你是對的，更不意味著你有了要求別人的權利。

也許這接受起來很難，你會覺得很不可思議。那是因為長久以來，你的世界裡只有一個答案，你從不曾走出來，認真看看外面的世界，它是豐富多彩、五彩斑斕的。顏色也許有深淺明暗，但顏色本身是沒有好壞之分的。

如果你看不慣對方的做法，那麼你就要為自己的看不慣負責，而不應該把責任推給他人。如

果你希望別人為你妥協，那麼你就要拿出相應的姿態，而不是強迫別人為你妥協。**尊重的前提，是你要意識到「你的觀點不是全世界唯一對的」。**因此，尊重他人，是有巨大喪失感的。因為你會意識到：你不是神，別人與你是平等的。

第四步：學習與整合

在能夠彼此尊重的基礎上，你就可以解鎖另外一個更進一步的技能：學習他人觀點的好處。孔子說過，「三人行，必有我師焉。擇其善者而從之，其不善者而改之」。其實不僅三人行才會有一個我的老師，準確地說，應該是每個人都是我的老師。眼前這個人，雖然有與你不一樣的生活規則，但是他遵守的這些規則能讓他活到現在，說明這些規則還是有良好社會功能的，也有能夠繼續遵守下去的跡象。這就意味著他的生活規則是有許多可取之處的，也有很多值得學習的地方。

所以你可以進一步好奇：他的觀點為什麼與我不一樣？有哪些好處值得我學習？有哪些壞處，我需要避開？

比如說，你認為家長不應該控制孩子，他認為家長應該適度管教孩子，不應該寵溺孩子。這時，你可以思考：

● 從不控制孩子，有哪些壞處？

適度管教孩子，有哪些好處？

思考過這兩個問題後，你會發現，因為制定規則而控制孩子，孩子就會學會規則。在規則形成的過程中，一個人必須經歷委屈、絕望等過程，必然伴隨著受傷。這也是人與社會規則磨合的過程。英國心理學家唐諾．溫尼考特（Donald W. Winnicott）認為：「孩子應該經受恰到好處的挫折，即承受範圍內的挫折。」德國哲學家尼采也認為：「凡是不能殺死我的，都將讓我變得更強大。」

在與父母相處中產生的挫折和控制，正是孩子日後在人際關係中遭遇挫折的預演。如果父母不適度控制孩子，那孩子就會成為溫室中的花朵，將來沒有與想要控制他的人相處的經驗，反而會帶來一定的危險。

這些，都是你能夠從對方堅持的「家長可以控制孩子」的觀點中學到的好處。**學習不是複製對方，而是思考對方的可取之處，而後整合到自己的世界裡。如此，你的世界便會多一種可能性。**

那些與你不同的人，其實都是來渡化你的。他們是在提醒你：不要固著在自己的世界裡，不要偏執。不要活得只有一種可能。走出來看看，試試其他的生活方式，說不定可以活得更好。如此你就開始邁向靈活的人生。心理健康的最高境界，就是「靈活」。根據事情的不同、時刻的不同，靈活選用不同的觀點，而非偏執地固守某一個。

然後你就可以進行下一步：在自己的規則和他人的規則之間，進行一定的整合，形成一個更有利的規則。這時，你就成長了。

第五步：感激

如果你願意，你可以感激。他人告訴了你另一種思考世界的可能性，你不喜歡，也可以不去做，但起碼你的世界，被另外一個人拓寬了。這些都是你可以去感激對方的地方。

正如美國家族治療大師薩提爾的那句名言：「我們因相同而相連，因不同而成長。」別人與你不一樣的地方，正是幫助你成長的地方。

【思考與表達】

寫下你的一次憤怒經歷。是對誰產生的憤怒？發生了什麼？或者直接使用前面的憤怒案例。

1 找出這次憤怒中，你所使用的規則以及對方使用的規則，分別是什麼。

2 思考對方的規則，這些規則讓他活得怎麼樣？找到他的規則讓他過得很好的三個證據。

3 找出對方的規則值得你學習的地方。對此，你有什麼決定嗎？

4 這個過程中，你的感受是什麼？

2 期待：

我比你厲害，你應該聽我的

憤怒是期待過高

怎麼判斷一個人的期待是否過高？

憤怒是對他人的期待過高

憤怒是因為期待未被滿足。當你發現一個人的憤怒時，順著他的憤怒，你就可以找到他有哪些期待、他希望現實怎麼發生，以及他有哪些願望。

憤怒其實是在說：「我希望你去做的是……」

一位同學說：「男朋友不回我電話和訊息，我就不停地聯繫他，繼而抓狂憤怒。」那麼這位同學的憤怒背後所懷有的期待是：我希望你回我訊息、接我電話，我希望隨時跟你保持聯絡。

還有位同學說：「我的孩子週末兩天不寫作業，非要拖到週一早晨來趕，這讓我特別憤怒。」那麼這位同學憤怒背後的期待就是：我希望孩子可以趁著週末兩天把作業寫完，這樣就不用週一早晨急著趕作業。

這些期待沒有被實現，所以他們憤怒了。而這些期待之所以沒有被實現，是因為他們的期待太高了。

有的人不同意，會覺得：「我的期待不高啊。這些都是正常的、最基本的期待。難道這些期待不是理所當然的嗎？」

期待到底高不高，得看從誰的角度來判斷。從憤怒者的角度出發，這的確是不高的。但**從被憤怒者的角度來說，他之所以沒有實現憤怒者的期待，是因為這對他來說是高期待。**

實際上，一個人能夠實現你的期待，有兩個條件缺一不可：

- **他「有能力」實現你的期待。**
- **他「有意願」實現你的期待。**

因此，對被憤怒者來說，期待過高有兩種可能：

- **你的期待超出了他的能力。**
- **你的期待超出了他的意願。**

而處在憤怒中的人，是無法換位思考的。他只能從自己的角度出發，卻看不到對方的角度。

對方可能是能力受限

有時對方也想實現你的期待，但是因為能力受限，沒辦法做到。而你無法理解他能力有限，繼續保持原有的期待，你就會憤怒。

你之所以會判斷這個期待在他的能力範圍內，依據可能有三個：

第一：你認為這是正常能力，「人人都如此」，所以他也應該能做到

有些人看別人家的媽媽打罵孩子會特別憤怒，覺得這些媽媽這樣對孩子是不正常的。在你的憤怒背後，其實你有這樣的期待：那些媽媽能像正常的媽媽一樣善待孩子。但你不知道的是，對於那些自身就有心理缺陷、人格不夠完善的媽媽來說，她們也不想打孩子，無奈的是她們就是控制不住自己。這時，你再去看看自己的期待，就會發現其實你的期待是過高的。

你期待另一半有責任心，他卻是一個「媽寶」，從小就沒有責任意識。你對他「責任心」的期待，對於大眾來說也許是正常的、不高的，但對他來說就太高了，因為這是他從小就沒有學會的。

你對一個人的期待高不高，不能拿「大家都」、「正常人都」、「人就是應該」來做對比，因為你面對的是具體的個體，而不是「大家」和「所有人」。**即使這對所有人來說是正常的，對他來說可能依然是很難的。**

第二：你覺得他「曾經做到過」，所以他現在應該也能做到

尤其在婚姻中，很多人抱怨「他對我不如以前好了」、「他以前都能……現在卻……」。你會覺得：我的要求並不高，待我像從前一樣好就行了。

但其實隨著時間流逝、環境改變，人的身體和心理也都在變化。除了他不願意的部分外，還有一部分是他真的做不到以前那樣了。

第三：你認為他「對別人能做到」，對我應該也能做到

你憤怒的點也可能是「他能對別人好，為什麼不能對我好?!」。但你意識不到的是，對一個人好是需要克服一定阻力的。如果他對你好的阻力大於對別人好的阻力，對你好一分，他收穫了一個不滿意；對別人好一分，卻收穫了一個微笑，那麼他可能就無法克服較大的阻力來對你好。

對方可能是意願受限

超出他實際能力的期待，就是期待過高。同樣地，對方不願意滿足你的要求，那麼你的期待就超出了他的意願，對他來說也是期待過高。

對方為什麼不願意滿足你的要求呢？因為這個期待讓他不舒服、且覺得不值得，他就不會去做。

不舒服好理解。你要求孩子聽話——誰喜歡聽話呢？聽話讓人不舒服啊。你期待父母不要控制你——可是不控制你讓他壓抑得難受啊。你的期待對他來說是不舒服的，所以他不願意去做。

如果眼前這個人足夠重要，即使感到不舒服，我們也可以忍受。我們在乎一個人，就願意為他做出一點犧牲；有多在乎他，就願意為他做多少犧牲。所以，如果女朋友要求我下班「順路」去接她，對我來說，她的重要程度，就決定了我能順多遠的路。

但**我們不願意為一個人去犧牲自己、或是去忍受一些不舒服，就只能說明一件事：他對你來說不值得。**

如何判斷對方是不願意，還是能力不夠呢？這個得根據當下的情況，由你自己做判斷。比這個更重要的，是當你憤怒時，你要去思考這個問題：

● **到底是他能做的太少？**

● **還是我要求的太多？**

按照第一個方向思考，會讓你更加憤怒，同時也更加坦然，因為都是他給得太少，都是他的錯。如果往第二個方向去思考，就會讓你拿回責任，尋找新的方式調整自己。

當然，如果你把對他人的憤怒變成自責，責怪自己為什麼總是要得很多，那麼就變成你對自己的憤怒了。我們並不是指責你在憤怒時要得太多，而是邀請你去思考：

當你的要求超出了對方的能力和意願，你還可以怎麼去處理自己的期待？

你「實際」期待的，比你「認為」期待的要高

你以為你知道自己的期待，其實你不一定知道你的期待。比如說，你以為你是想要他去做某件事，其實你的期待是他應該「自覺」、「主動」、「及時」地去做某件事。

一位同學說：「婆婆餵孩子吃飯，孩子不想吃，但她想盡辦法，非要餵進去。我當時非常憤怒，我覺得她在強迫別人。」

這個憤怒中的期待是什麼呢？憤怒者所能意識到的就是希望婆婆不要強迫孩子。但更深層次的期待，其實是「我希望婆婆能自覺意識到這是在強迫孩子，希望她能主動理解強迫的壞處，希望她能及時保護孩子，並停止強迫的行為」。

這個期待，對於婆婆來說的難度就顯得非常大。

還有位同學說：「我對同事很憤怒，他總是將他自己的工作丟給我。」在這裡，憤怒者所能意識到的期待是希望同事不要把自己的工作丟給他。但如果你再思考一下，這件事背後更深的期待，其實是「我希望同事能夠在未經我提醒時，自覺意識到這是不對的，並且自覺地不要把自己的任務丟給我」。

如果你觀察到對方的某個行為，但還沒有表達你的期待就先憤怒了，這說明，你的期待裡是

包含對他的要求的。你希望他能有自覺、希望他能主動意識到自己的問題，並且希望他能夠理解自己行為的後果和不合理性，希望他能積極、主動地改正。

有些人會說「我以前提醒過」、「我上次跟他說過」……我就會問：「那你『這次』表達你的期待了嗎？」

如果這次你沒有提醒，那你的期待就是：

- 我說過一次，他就要永遠記得。
- 我上次說過，他這次就要記得。

這對他人來說，可能就是個高期待了。

有些人還會覺得：「難道我要每次、反覆地說嗎？那我多累啊。」其實這裡，你又多了一個期待：期待他人照顧你，不讓你累。

期待沒有對錯

當我寫到這裡時，有些同學會有疑問：「難道我應該不去抱有期待嗎？我們不應該對伴侶、對孩子有期待嗎？一段沒有期待的關係，還有什麼意思？難道有期待是錯的嗎？」

有期待不是一件有對錯之分的事情，而是會讓你感到悲傷。期待是一個願望，就像是想吃冰淇淋一樣，這個願望本身沒有對錯，但吃不到冰淇淋，卻是很讓人難過的一件事。我們要思考的，並不是應不應該有期待，而是如何處理自己的期待。有期待是已經發生了的客觀事實，不要去想過去為什麼有，而是去想「現在」我可以怎麼辦。

期待不僅沒有對錯，而且是件好事。人生在世，對未來有所嚮往、對他人有所期待，正是我們生命力的展現。這也是憤怒美好的地方。憤怒，是一個人沒有放棄生活的表現。憤怒，代表了一個人還有自己的想法、有自己的追求。

期待本身是沒有對錯的。問題在於，我們在用令自己痛苦的方式處理著期待。因此，你無須責怪自己為什麼會有期待。你要想的是如何處理自己的期待。

憤怒是因為對期待的執著

憤怒情緒很有可能代表你對他人的期待過高了。所以，**處理高期待的方式之一，就是「放棄」**。放棄是一種很高級的智慧，放棄可以解決這個世界上百分之百的困難。你要知道：天下無難事，只要肯放棄。

我年輕時也曾夢想過自己能夠執劍走天涯，卻因為沒錢就此作罷。再後來我有錢了，又重新燃起這個期待，夢想自己成為環球旅行家，但因為工作忙沒時間，也沒去做。以前也期待過自己能夠平步青雲，走上人生巔峰，娶個富家女能少奮鬥二十年。但是後來經過我的努力，發現比起迎娶富家女，放棄來得更輕鬆，於是我就選擇了放棄。

有期待本身不會讓人憤怒。對期待的「執著」，才會導致憤怒。你不願意接受他人做不到你期待的樣子，你抗拒這個現實，這時你才會憤怒。

憤怒是對自己的期待無法被滿足的「抗拒」，是對他人真實狀態的「抗拒」。一個人在憤怒時，只是沉浸在「我想要你做，你就得去做」的幻想裡，不願意睜開眼看看，自己提出的要求其實是實現不了的，或者真的沒那麼容易實現。

對自己的憤怒也是如此。你以為這件事情很簡單，便期待能得到一個好結果；然而，當精力、能力和興趣都無法支撐時，你又不想放棄，你不願意相信自己的能力有限，於是你就開始對自己憤怒。

所以當你憤怒時，問問自己：你真的要如此抗拒現實嗎？

憤怒是實現期待的工具

處理期待的方式之二，就是用憤怒來實現自己的期待。

憤怒有時的確是一種有效地讓別人實現自己的期待的方法。很多時候，別人迫於你的恐嚇，不得不向你妥協。

憤怒是一種力量，能讓你瞬間變得強大起來，強行推著對方配合你，以此實現你的期待。

回到我們之前提到的一個例子，有位同學希望男朋友能及時回她訊息，可是男友對此無動於衷。怎麼辦呢？她就對男友產生憤怒。她在潛意識裡認為：我有多憤怒，他產生改變的可能性就有多大。假如她心平氣和地對男友說：「哎，你以後要及時回我訊息哦。」男友可能真的會無動於衷。但如果她非常憤怒地對男友說：「你為什麼都不回我訊息！」雖然男友可能無法理解她為什麼會這麼憤怒，卻會因為害怕被罵而更加及時地回訊息。

對於前面提到的那位媽媽來說，假如她心平氣和地對孩子說：「哎，你以後要在週末兩天寫完作業哦。」這個孩子多半會把媽媽的話當成耳邊風。但表現出憤怒就不一樣了，老母親一發怒，孩子心裡就有了忌憚。下次週末玩的時候，也就相對沒有那麼坦然了。

所以憤怒是一個好幫手。它在幫助我們，更好地實現自己的期待。

有人覺得憤怒不好，但憤怒只是一個工具。判斷一個工具好不好，有兩項指標：

- **是否能幫助使用者達成效果。**
- **是否聽從指揮。**

雖然憤怒不一定每次都有益於結果，但人之所以保留了憤怒的情緒，是因為在我們的經驗中，它是較為有效的方法。在我們好好說話沒有用，且不會使用別的工具之前，憤怒就是達成效果最好的工具。而且憤怒不會說：「哎，你有這個期待是不好的，我們換一個打擊對象吧。」憤怒會無條件地執行你的命令。

所以，憤怒其實是一種很好的、實現你的期待的工具。如果你覺得結果是不好的，不是因為憤怒不好，而是因為你的期待不合理。

應該感謝憤怒。如果你不喜歡，你要做的是**透過憤怒，思考自己的期待。**

當別人對你憤怒時

當別人對你憤怒，你也就知道他對你有期待。這時你可以先去幫他澄清：

- **你希望我怎麼做？**
- **你對我的期待是什麼？**
- **我怎麼做，你就不生氣了？**

然後，如果你希望維護你們的關係，你們可以針對他的期待做一些討論，看看你願意滿足多少他的期待，而他願意放棄多少自己的期待。

如果你想故意讓他生氣，那你也要先輕聲細語地搞清楚他的期待，然後再告訴他：

「好的，我知道你的期待了。我決定，我就是不去做。因為，我就是不想讓你稱心如意！」

【思考與表達】

寫下你的一次憤怒經歷。是對誰產生的憤怒？發生了什麼？或者直接使用前面的憤怒案例。

1找出這次憤怒中，你的期待是什麼。

2找出這個期待對你來說並不高的證據。

3找出這個期待對他來說很高的證據。

4當你寫下這些，你的感受是什麼？

5生成這樣的句子，並大聲朗讀。或者想像讓你憤怒的那個人就在你對面，跟他說這樣的話：

．我對你的要求就是——！

．你必須做到！

．你只有做到，我才滿意！

．我不接受現實！

．我不認命！

．我不甘心！

．我不能接受這樣的你！

．絕不接受！

6這個過程帶給你的感受是什麼？

7你如何看待自己的這個期待？你想如何處理它？

憤怒背後的嫌棄

表達「期待」，而非表達否定

我們太習慣說「你不要怎樣」，而非「你要怎樣」

處理期待的方式之三，就是「直接」表達你的期待，告訴對方，你想要什麼。對方不一定會實現，但起碼有一定的實現可能性。

但很多人在表達時，習慣用否定的方式，更喜歡用「你不要怎樣」，而非「你要怎樣」；更習慣說「你不應該……」、「你……是錯的」，而不習慣直接說「我希望你能……」。

一位同學曾經說：「我身邊有一個負能量爆棚、充滿攻擊性的家人，這讓我特別憤怒。」我告訴他：「你可以嘗試向對方表達你的期待。」他說表達過，沒有用。我接著問他：「你是怎麼表達的呢？」

他說：「我告訴過他，『你**不要**每天都這麼負能量！你**不要**總是攻擊我！』」

在這個表達中，先不說「每天」、「總是」這種表達是否恰當。這位同學的表達有一個很典型的特點：以否定的方式表達期待，而非直接表達期待。

這種表達當然是有好處的。好處之一：直接對現狀進行否定更為簡單。正面表達期待，需要讓大腦轉個彎，透過不喜歡的場景勾勒出喜歡的場景，然後再去表達，這不符合潛意識的「最省力」原則。比如，這位同學「不要攻擊我」的期待，用正面的表達應該是什麼？得先動動腦想一想。

這種表達的壞處：使用否定的方式，會更難以實現你的期待。

對方要透過你的否定，看到你背後的期待，這更是需要動腦的。首先需要進行一個「否定＝期待」的公式代換，這需要一定的專業訓練才能做到。而普通人在察覺到對方憤怒時，就會直接掉入對於對方的情緒抵抗中，根本沒有多餘精力再去思考對方的言語背後在表達什麼。對他來說，保護好自己，比聽你說什麼更重要。

只有內心很強大的人，才能夠消化對方的憤怒所帶來的衝擊，同時還有多餘精力去看看對方在表達什麼。就像武功高的人被人打一樣，他不忙著還擊，他要與對方周旋，透過對方的招式先看清他的路數是怎樣的。

潛意識裡的「需求羞恥感」

使用否定表達期待的第二個好處，就是避開了需求的羞恥感。直接表達期待，有時會感覺自己是在求對方，感覺自己的姿態很低，說不出口，會有羞恥感。

比如「我希望他不要攻擊我」，這個期待的正面表達是什麼呢？比較容易意識到的是「我希望他離我遠遠的」。其實這很好實現，距離是相對的，他不離你遠點，你可以離他遠點啊。但實際上對那位同學來說，家人是沒有辦法隨便離開的。他背後有一個真正的期待：

你一攻擊我，我就受傷了。我對攻擊真的很沒有耐受力。所以，我希望你能照顧一下我的脆弱。

很多時候，我們直接表達期待，都會有一種「我很需要你」的低姿態。一個人不喜歡請求別人的低姿態，就要以相反的方式來防禦，表現出高姿態。明明是我在請求你做一些事，但我要以高高在上的姿態來防禦內心主動請求的低姿態。這時，憤怒就是一種保護自尊的方式。

直接表達期待，會讓有些人有種請求別人的感覺。而當人在憤怒時表達的期待，則是一種要求。「請求」和「要求」是不同的。

請求是帶著尊重：我希望你怎樣。這種表達裡，首先是沒有理所當然的。這句話背後的感覺是「別人幫你是情分，不幫你是本分」，這是一種「你幫助我做一件事」的心態。

而要求則是帶著強迫：你必須怎樣。這種表達裡的理所當然感就非常強。這句話背後的感覺是「這是你該做的，不做你就是壞人！」。這是一種天經地義的心態。

表達請求，是允許對方拒絕你的；而表達要求，則代表對方不能拒絕你。所以**判斷是「請**

求」還是「要求」的方式，就是你在表達前，是否允許對方拒絕你。

憤怒是「我嫌棄你」

為什麼對有些人來說，低姿態會有羞恥感呢？

其實低姿態本身是不會讓人有羞恥感的。我們請人辦事情、見主管、路上停車剛好被交警開罰單、遇到心儀的對象……在這些時候，我們心甘情願地放低姿態，希望對方給我們一點關注和照顧，絲毫沒有羞恥感。怎麼到了讓我們憤怒的對象這裡，低姿態就有了羞恥感呢？這是因為你潛意識裡覺得自己比對方高級，看不起他。

請求你看不起的人幫忙，這就有辱你的自尊了，但是又需要他為你做點改變。該怎麼辦呢？高高在上地發出要求，既顧全了你看不起他的高姿態，又可以讓他去為你做一些事。

我們前面說過，憤怒是一種對他人的期待，也是一種需求。但有趣的是，憤怒也是一種對他人的嫌棄。

顯而易見，我覺得你這裡不夠好、那裡不夠好，但我又不接受你的不夠好，所以我希望你改變。而當我覺得你不夠好時，其實我已經在嫌棄你了。但深層次來說，這種看不起，並不只是我對眼前這件事有意見，而是我對你這個人有意見已久。**當下這件事，只是我長期以來看不起你的一個出口。**

一位同學對男朋友不主動聯繫自己很生氣，是因為她覺得自己很優秀，覺得男朋友有很多地方配不上自己，跟這樣的男人在一起是自己受委屈，對方有福氣。「但是他居然敢不接我電話，他以為自己算哪根蔥啊。」但出於要維繫平等的形象，她是不會輕易這樣表達的。

反過來想一下：如果她與一個比自己優秀的男生談戀愛，對方是她崇拜的對象、是她主動追求的，男朋友不回訊息，她可能會很擔心，但不會憤怒。她憤怒的，其實不是男友不主動回訊息，而是男友居然看不清楚他自己的位置，不主動把他自己放到低姿態的位置上。

一個媽媽覺得自己的孩子很糟糕，成績不夠好，還不愛寫作業，一點都沒有遺傳自己積極、認真的優點。其實她從骨子裡，就嫌棄這個孩子。但又不能承認自己的嫌棄，畢竟孩子是自己的親骨肉。

反過來想想：假如這個媽媽的孩子成績優秀，不怎麼努力，書就能念得很好，給了她很多榮耀，讓她得以在鄰居面前炫耀。那麼，這個孩子週一早上狂補作業，這個媽媽還會那麼憤怒嗎？

還有位同學說：「帶孩子去補習時，我找不到車位，繞了一圈，一個位置也沒有，我的火氣就上來了。自我覺察一下就是著急，感覺胸口有團火，特別想發洩。」

找不到停車位著急，這容易理解，那為什麼會憤怒呢？因為你的潛意識裡覺得這座城市配不上你。內心深處越是覺得這座城市配不上你，對於交通、公共設施、建設規劃，你就越是容易憤怒。

還有很多人容易對陌生人憤怒，見第一面就很憤怒。實際上是：我對你這種人嫌棄已久，恰好在此刻面對你的時候爆發了。

憤怒並不是一時的嫌棄，它是積壓已久的看不起。所以憤怒其實是在說：「我早就看你不順眼，我終於藉著這件事表達出來了。」

處理憤怒，就是處理嫌棄

憤怒是一個機會，它把你對於對方長久以來的不滿暴露了出來。這時藉著憤怒，你可以發現：

- **你對他，平時有哪些不滿意？**
- **你有哪些看不起他的地方？**
- **你覺得自己的優越感在哪裡？**

然後就能做個決定：你可以光明正大地鄙視他。

如果你想向對方誠實，可以直接告訴對方：「我直說了吧，我已經嫌棄你很久了！」

如果你不去處理這種嫌棄，你們之間就始終有個疙瘩在那裡。這時你需要發現他的優點，明白雖然你有些地方比他好，但他也有些地方比你好。綜合來講，你們是在同一條水平線上，是平等的。

若你找不到他的優點，就是嫌棄他、覺得他很糟糕，你也可以離開他。但你又發現自己離不開他，這就說明他是有優點、有價值、有你留戀的部分——這個部分難道不值得被欣賞嗎？

當別人對你憤怒時

當別人對你憤怒時，如果你希望你們的關係變得和諧，可以請他列舉一下他對你有哪些不滿意，然後你們對此做些溝通，你和他之間隱藏的疙瘩就容易解開了。

但如果你想利用對方的憤怒攻擊他，可以在他對你表達出憤怒時，這樣說：

「我知道你的要求，我這麼看不起你，當然不會去做！」

【思考與表達】

寫下你的一次憤怒經歷。是對誰產生的憤怒？發生了什麼？或者直接使用前面的憤怒案例。

1在這次憤怒中，找出你看不起他的地方。

2找出你看不起他的三個證據。

3談談你的感受以及想做出的調整。

憤怒中的愉悅感

嫌棄你的時候，我就有了價值感

價值感的必要性

「價值感」是人活著所必需的心理需求之一，這和我們的生存息息相關。

從小我們就有這樣的體驗：更懂事、更聰明、成績更好的孩子，更容易得到父母的認同，也更容易得到鄰居、老師和同學的認同，更容易被愛。而更被愛的那個人，就會獲得更多、更好的資源，也就更容易生存。

從生物進化的角度來看，也是如此，優勝劣汰。更優秀的人，具備了更多生存下去的憑藉。在種族中，更優秀的那個人，更會被擁戴，從而更被大家所保護。

無論從物種基因的角度，還是從後天環境教育的角度，讓自己優越於他人，都是非常重要的。

想像一下：如果你覺得自己到處都是缺點、哪裡都很差、處處都不如別人，這樣的你，每天醒來面對這個社會，有什麼樣的感覺？你會覺得焦慮又痛苦。

一個人只有先體驗到價值感，才能去努力地生活，才有心理空間去做自己真正感興趣的事，才有能量去愛自己想愛的人，甚至才能夠去正常地生活。

當一個人找不到自我價值時，潛意識就需要來幫幫忙，讓自己體驗到「我很好」。至於客觀上我是否真的很好，並不重要，重要的是「我自己如何感知我自己」。

憤怒中的愉悅感

憤怒是獲得價值感的重要途徑之一。

憤怒時，你是嫌棄別人的。嫌棄別人，對自己有什麼好處？好處之一，就是可以藉由說對方的「差」，來顯示自己的好。我越是覺得你做得不對，就越覺得自己正確。我越是看不起你的缺點，就越覺得自己渾身都是優點。我嫌棄你時，就能體驗到自己高高在上的優越感。

這是潛意識「水落石出」的遊戲：水落下去，石頭就出來了。也就是說，先把別人看得低，就會顯得我高。

可以去感受一下：當你指責一個人「你很自私」，你會感覺到很委屈。在委屈的同時，你是怎麼評價自己的呢？你會覺得：對方為什麼不能像我一樣呢？我就是一個很無私的人啊。

當你因為孩子太拖磨而憤怒，你會感到很挫敗。但你內心深處有沒有一絲「怎麼就不像我這麼俐落」的快感呢？假如你覺得自己比他更拖磨，你的確也就不好意思說他太拖拖拉拉了。

當你指責一個人「你怎麼插隊啊，沒水準！」，你內心同時也會湧起「我在乖乖排隊，我是有水準的人」的優越感。

當你指責一個人「你一點都不上進」，你內心深處就體驗到巨大的「我很上進」的自豪感。

當你指責一個人「你一點都不顧別人的感受」，你就體驗到了「我是一個很懂得照顧別人感受的人」的壯烈感。

憤怒、鄙視、不屑、抱怨、看不慣、挑剔，這些都是我們嫌棄別人來獲得價值感的重要途徑。憤怒之中，其實也蘊含著愉悅感。憤怒看起來雖然是一種難受的情緒，但你會發現他人在開始指責時，會變得聲音高亢、話語流暢、邏輯清晰、專注度高，這完全是非常亢奮的生理喚醒。你會發現人其實很少能注意力這麼集中地去做一件事，這說明在潛意識裡，表達憤怒是很享受的過程。

在憤怒時，直觀話語雖然是「你怎麼這麼差」，潛台詞卻是「不像我，我怎麼這麼好」。

優越與優秀不同。優秀是「我很棒」，優越則是「我比你棒」。一個人如果內在無法確認自己的價值感，就需要透過與他人比較、以他人為對照，來確認自己的價值感。

憤怒是「暫時忘記了我很差」

有些人會覺得：我憤怒的是對方沒有能力做的那件事，其實我自己也做不到，但是我不認為我在嫌棄他。比如有些人內向，卻看不得孩子內向，在孩子表現出內向、靦腆時就很憤怒。

實際上，你在憤怒的那一刻，會暫時忘記自己也是個內向的人。在憤怒的那一刻，你會做出比較，覺得自己比孩子好，沒他那麼內向。你跟外人比，發現自己很內向，但你發現孩子比自己還內向，這時在孩子面前，你就會覺得自己很好。

在社會上、日常生活中，我們會覺得自己在某些方面很差，而自己無法消化，所以我們要對一個做得更差的人憤怒。這時，嫌棄他是在告訴自己「其實我還好」。

還有同學問我：「在嫌孩子寫作業笨的時候，我仔細體會了一下，好像感受不到這種對孩子嫌棄而帶來的優越感呀，反而體驗到的是其實自己也不夠好。我該如何理解這種感受呢？」

這位同學首先體會到的「不好」，其實是「我是個不夠好的媽媽」。作為媽媽的角色，教不好孩子、教不好作業、發脾氣、嫌棄等，的確會讓她感覺到自己是個很差的媽媽。但角色之外，作為人的這部分，卻不影響她潛意識裡同時體驗到「我一點都不笨」、「我就很機靈」的優越感。

所以她先後在很短的時間內，體驗到了「我是個做事情很機靈的人」、「我是個脾氣不夠好的媽媽」這兩種心情。

什麼是安全的關係？

憤怒能帶來價值感，我們也需要價值感，於是**人會無意識地選擇一段總是讓自己憤怒的關係，來讓自己既憤怒又得意。**人的潛意識為了尋找這種優越感，也會做兩件有趣的事：

●跟一個糟糕的人在一起。
●發現一個人糟糕的一面。

這兩種情況，都會輕易讓人生氣。

一些嚷嚷著「我要找個上進的伴侶」的人，最後卻找了一個不上進的伴侶。因為透過伴侶的不上進，才能體認到自己的上進。

但你要反過來想：假如你找了一個比自己還上進的人做伴侶，會是什麼樣的感覺？這個人比你更上進，他進步的速度比你快。你每天看著他變得更好，看著他與自己的差距越來越大，這就會激起你被拋棄的恐懼。

而找一個不如自己上進的人，就完全不一樣了。你可以邊嫌棄他、邊憤怒，同時有種踏實的安全感：「你都不如我上進，只有我拋棄你的分，而沒有你拋棄我的分。」

同樣地，無論你找的對象是誰，他都有優點和缺點，有比你好的地方，也有比你差的地方。你可以體會一下：對於他比你好的部分，你是怎麼談論的呢？你是會表達羨慕、喜歡、欣賞，還是很少談論？對於他不如你的部分，你是怎麼談論的呢？是會經常指出來，要求他改、嫌棄他，還是按捺住自己的想法，保護他的自尊？

對於這兩點，你在談論時，情緒喚起的濃度是一樣的嗎？哪部分更高呢？

熱戀中的人，當然是很為對方考慮的，不在此列。因為熱戀本身就只是在戀，是沒有生活的。當你們的關係穩定了，開始有了真正的二人生活後，你是怎麼看待他比你好的地方和比你差的地方呢？

對很多人來說，談論對方比自己優秀的地方，會有羞恥感，因為說「你好」，就是在說「我差」呀。而談論對方比自己糟糕的地方，則會有憤怒的快感，因為說「你差」，就是在說「我好」啊。憤怒就是失望，失望就是在說「我比你高級」。我高級了就代表我能夠拋棄你，而你不能夠拋棄我。所以憤怒的背後，其實是有巨大的不安全感。

當別人對你憤怒時

憤怒是潛意識在找自我價值。所以，**「誇獎」就是治療憤怒的一劑良藥。**

如果你是一位母親，當批評孩子不夠認真時，你會很憤怒。但是如果你的孩子接受過我們心理課程的訓練，懂得潛意識的運作原理，他很認真地對你說：「是啊，我的確不如媽媽這麼認真，真的應該向你學習呀。」這時，你憤怒的情緒雖然不能立刻消除，但會不會有所緩解呢？這時你會怎麼回應他？

當別人對你憤怒時，如果你能繞開他的批評，反之給予肯定，會發現他的憤怒值明顯降低，並且在那一刻，他也沒那麼在意當下做的事情是好是壞。因為他的狀態變好了，他情緒的瓶子變得更充盈了一些，接納力變得更強了。當然，前提是你要意識到：**當一個人對你憤怒時，他可能只是想表現一下他自己而已。**

如果你想與一個人建立深入的關係，可以在他憤怒時，看到他內心深處渴望被認同的部分，並

真誠地認同他。你要做的，無非就是告訴他：「是啊，我這麼糟糕。不像你，在這方面就很棒。」

一位同學說：「我非常看不慣那些不擇手段獲取資源的人，我對那種人很憤怒。」我回應了他一句：「你在生活裡，一定是個很正直的人吧，做事光明正大，並且是那種腳踏實地、靠自己的努力一步步實現理想的人。」然後他說，終於感到有一個人理解他了，他特別感動。

憤怒看起來是一個人最強大的時候，但其實也是一個人最不設防的時候。你避其鋒芒，繞到他內心深處柔軟的部分，就會發現，那裡其實很脆弱。

當然，如果你想刺激一個人，可以這麼做：他在哪裡求認同，你就在哪裡批評他。

如果他嫌你笨，你可以告訴他：「你才笨呢！你是我見過最笨的人！」

感受一下，後果會怎樣。

為什麼不直接求誇獎？

人在憤怒時，潛意識裡的話語是：

我這麼好，你知道嗎？

那你倒是誇我啊？

你怎麼不誇我呢？

你要是不主動誇我，我就得打擊你了。

既然如此，人為什麼不直接求誇獎，反而要用憤怒的方式呢？

這其實是一種潛意識裡的衝動，卻不能被直接意識到，不然會有自戀的羞恥感。

其次，求別人誇獎自己，和被別人主動誇，感覺是不一樣的。但是，使用憤怒求誇獎的壞處是，別人常常意識不到你這是在求誇獎，而且會覺得你是在否定他。可是他也很想被誇，怎麼辦？

他就會反駁，想向你證明他沒有那麼差，因為他也想要被你認同、被你愛，不被你拋棄。而他反駁的方式，會讓你覺得自己被否定了，這時你就會想進一步地否定他，來證明自己才是好的。你們兩人就進入這樣一種「相互否定」的魔性循環中。

否否相報何時了？誇他一下又何妨？

欣賞你自己

比起從外在尋求認同，更有效的方法是「自我認同」。**憤怒是一種在意，你期待什麼，說明你在意什麼。你在意的背後，則蘊藏著一種優秀的人格特質。所以，你可以欣賞一下自己的優秀嗎？**

一位同學說：「室友每次都是等我回去後，搶在我之前洗澡。我不回去，她不洗；我一回去，她就開始準備。她就是要搶在我之前洗，我還得等她，我就特別生氣。」等我們做了一些探索後，發現她對室友貼的標籤是「沒水準」，她對室友沒水準很憤怒。

於是我邀請她去欣賞一下自己。「憤怒在告訴你，你是一個比較有水準的人。也許別人做不到你這麼優秀，但那是沒辦法的事。你可以給自己一些欣賞嗎？欣賞自己與室友不同的部分，欣賞自己有水準的部分。」

憤怒就是在告訴你：「你很棒！」你需要給自己更多的認同，而非期待別人來認同你。

當你能夠開始欣賞自己時，你就不再那麼迫切地想從別人那裡得到認同了。而這時，你才有可能真正地學會去欣賞別人。

欣賞自己，不同於自我催眠。如果你只是對著鏡子說「我很棒！」，這無異於自我強迫。真正的自我欣賞，是發現自己的確很好的證據。

對這位同學來說，他可以進一步思考：自己都做過哪些有水準的事？有哪些有水準的表現？**證據，才是自我欣賞的確切證明。**

期待沒有被實現，也許讓你痛苦，但同時也會感動：我是一個願意實踐某種良好特質的人。對此，你可以給自己一些欣賞嗎？

透過期待，我們會看到自己內在有一個很美麗的地方。那裡，足以值得我們為自己感動。

【思考與表達】

1思考你對伴侶、父母等重要他人，最常有的否定和嫌棄是什麼？

2透過嫌棄和否定，你是想表現自己的什麼？

3找到答案後，大聲朗讀，並體驗一下你的感受：

・我對你＿＿＿＿＿很生氣，一點都不像我，我就很＿＿＿＿＿！

比如：

・你很自私，一點都不像我！我就很無私！

・你很懶惰，一點都不像我！我就很勤奮！

・你這樣做會傷害孩子的！一點都不像我，我就從來不傷害孩子！

4思考一下：有哪些證據，可以證明你做得比他好？寫下來並體會你的感受是什麼。

5你的這個期待，背後代表了你是一個擁有什麼特質的人？你想怎麼欣賞自己？

憤怒是一種「忽視」

你只有滿足我的條件，我才愛你

比起愛你，我更愛這個問題

憤怒是一種傷害。每個憤怒者在憤怒時，都同時知道這樣會帶給對方傷害，也會給你們之間的關係帶來傷害。所以我們對愛的人表達完憤怒後，又會陷入自責，覺得自己沒有控制住情緒是不對的。但我敢打賭，下次發火時還是該怎樣就怎樣。「下次一定要改」，大概是這輩子我們跟自己說過最多的謊話了。

為什麼改不了呢？因為讓你憤怒的這個問題實在是太重要了，比你們的關係還重要、比他的感受還重要，以至於你寧願傷害你們的關係、寧願讓他感到不開心，也得讓他先解決掉這個問題。

憤怒是把問題放到了第一位，把對方放到了第二位。

憤怒者的潛意識認為：問題比對方更重要。在解決了這個問題後，我就可以去照顧你的感受、可以看到你了。但這個問題解決之前，我只能先放棄你的感受，來滿足第一重要的問題。因為，這是非常偉大的智慧：棄車保帥。

所以，憤怒雖然是一種傷害，但並不代表我們不愛對方。而是，我們的愛是一種有條件的愛：解決了這個問題的你，才是值得我愛的；不解決這個問題的你，是不值得我愛的。我不喜歡現在的你，我只喜歡理想的你。

當你憤怒時，你與他人之間就隔了一個「對錯」，而他只有克服了這個「對錯」，才能得到你的愛，就像是翻越千山萬水才能見你一面一樣。

當問題橫在前面，他這個人就被忽視了。就像你更愛你的某個孩子，另外一個孩子就會覺得自己被忽視了一樣。

以自己的愛威脅別人

有條件的愛，起碼也是愛。這也為別人獲得愛提供了可能。

憤怒在說：「我也不是真的想傷害你。如果你乖乖聽話，先滿足我的條件，變成我理想中的樣子，我是可以繼續愛你的。」

一位同學說：「我的孩子不守承諾，答應我玩一個小時手機就放下，結果玩了兩個小時還沒停，這讓我很生氣。」

這個媽媽的憤怒是在說：「我只愛守承諾的你，不愛不守承諾的你。如果你不成為守承諾的

人，我就傷害你。但如果你變成了一個守承諾的人，我就可以繼續愛你了。」

還有位同學說：「我老公買彩券持續二十年了還不中獎，每次都說就差一點，我聽了特別憤怒。」她對丈夫貼的標籤是「總想不勞而獲」。這位同學的憤怒其實是在表達：「你是否想不勞而獲對我來說很重要。我不愛現在想不勞而獲的你，只有你變成認真踏實的樣子，我才願意繼續愛你。」

憤怒的人，在拿自己的愛威脅別人。憤怒的人總覺得：「我對你來說很重要，你其實是很在意我怎麼對你的，很在意我是否愛你，是否要離開你、傷害你。」

我期待你向我妥協

有條件的愛，並不是一件壞事。你之所以敢這麼對他，是因為你覺得你有威脅他的籌碼。如果別人在乎你的愛，你對他來說很重要，他就沒有辦法，只能向你妥協，先滿足你的條件，選擇改變自己。即使他非常不願意，那也只能順你的意。

比如，你的孩子離不開你。當你生氣時，他會象徵性地跟你頂嘴。但你一直堅持憤怒，他就不得不放棄自我，向你妥協。

比如，愛你的人離不開你，最多和你講講道理。當你生氣到動用封鎖、分手、離婚等手段時，他因為離不開你，就不得不向你妥協了。

比如，討好型的人，他們很在乎別人的看法，很怕別人不再理會他。你的憤怒，也容易讓這些人妥協。

這就算是「有條件的愛」的好處，你可以利用你的憤怒，去威脅那些需要你的愛的人，得到你想要的效果。然而，對於不需要你的愛的人，你的憤怒就不管用了。或者說，他雖然需要你的愛，但是跟你的要求比起來，他覺得你的愛沒有那麼重要，就不會被你的憤怒所威脅。

你覺得他錯了又何妨，對他有要求又怎麼樣，他如果完全不在乎你收回自己的愛，那無論你怎麼憤怒都無濟於事。

大方地承認，關係可能修復

這麼說並不意味著你得強迫自己給出無條件的愛。愛本來就不是簡單的事，我們沒那麼愛對方也很正常。

我只是邀請你對自己誠實一點，大大方方地承認，在問題面前，你就是沒那麼愛他。

很多人會以愛的名義去改造對方，實際上那只是你更愛問題。你構築了一個理想的對方，強求對方變成你想要的樣子。你更愛的，其實是你想像出來的特質。

有些人會覺得，真實表達豈不破壞了關係？

真實確實不等於和諧。若你們的關係本身就危機重重，表達真實的部分，就有可能讓它迅速破裂。但那不是因表達而破裂的，是本就該破裂了。但如果你們都不想破裂，藉著真實，你們就有了修復的可能。

同樣地，當別人對你憤怒，你也要知道：此刻，他不愛你了。對他來說，你成為什麼樣的人，比你現在是什麼樣的更重要，比你的感受更重要。

我有多恨你，就有多愛你

不要覺得有條件的愛不好。從積極的角度來說，第二位的愛也是愛。雖然此刻他讓你不滿意，你很恨他，但這同時也意味著，平日裡當他表現得符合你期待時，你給的愛也是非常非常濃的。

比如說，你的孩子玩電玩，你很憤怒，那一刻，你覺得他不是個愛學習的孩子，你就不愛他了。但當他滿足了你的條件，沒有表現出不愛學習時，你還是很愛他的。你願意給他很多的寵愛、關心、照顧，也為他做了很多實實在在的事。

當你的伴侶不負責任時，你對他非常不滿意。但當他符合你的期待時，你還是會為他付出很多。

有條件的愛，只是不完美的愛，並不是不愛。

不要幻想著自己是全能的神，可以沒有自己的喜好而給出無條件的愛。

當你憤怒時，當那一刻你不想愛對方時——我邀請你，先去看到自己付出的那些時刻，給自己一些欣賞，而**不要總是盯著自己沒有給出愛的部分，責怪自己不會控制情緒。**

你對我很重要

愛之所以要有條件，是因為「你對我很重要」。

憤怒雖然是一種用愛控制人的方式，但實際上，當你凝視深淵，深淵也在凝視著你。你控制別人時，也正在被別人控制。

我有一個網路作家朋友，他會寫一些文章在網路上發表。有次他跟我說：「看到有些讀者胡說八道，我就特別生氣，然後就會和讀者吵架。能吵十來個回合。」你能想像那個畫面嗎？一名網路作家，與他的讀者在留言區吵架十幾個回合。當時我覺得，「你是有多在意他是不是理想的讀者，才能這樣跟他吵架。」

有這樣一則故事：一個人趴在陽台上，聽到一位媽媽怒吼：「你說呀！到底是什麼關係?!」他正想一探究竟時，那位媽媽又接著怒吼：「互為相反數啊！」媽媽憤怒的吼叫聲，是在強調孩子會不會做那道題有多麼重要。

還有很多媽媽，因為孩子作業的問題把自己送進了加護病房。這也讓我非常驚訝，她們是有多在意孩子的學習表現，才對自己造成這種等級的傷害。

當你企圖用憤怒控制別人時，你會變得不理智，經常做出一些衝動性的決定；自己的情緒會受到很大的衝擊，久久不能平復；會不顧及自己的形象，完全變成另外一個樣子；甚至會把情緒帶到接下來要做的事情中，影響自己正常的工作和生活。

因此，憤怒也在說：「你對我來說非常重要！重要到你不變成我想要的樣子，我整個人都沒有辦法正常生活了！」

對憤怒的人來說，在那一瞬間改變對方、解決某個問題，就變成了他的全部，其他的都不再重要了，都無法顧及了。憤怒的人會特別著急於改變對方，卻很少會去思考：

- **你為這個問題犧牲了多少？**
- **這個問題為什麼那麼重要？**
- **既然這麼重要，為什麼只有對方改變才能解決？有沒有其他的解決方案？**

實際上，透過上述思考，就可以降低問題的重要性，從而降低憤怒值了。

【思考與表達】

寫下你的一次憤怒經歷。是對誰產生的憤怒？發生了什麼？或者直接使用前面的憤怒案例。

1找出你對他貼的標籤及要求。

2為了讓他變成你想要的樣子，那一刻你做出了哪些犧牲？你如何看待這些犧牲？

3 生成這樣的句子，大聲朗讀，並感受一下，當你這麼表達時，有怎樣的感受：

・我不喜歡現在________的你！

・我不接納現在________的你！

・我不允許真實的你！

・你必須變成我想要的樣子！

・你必須是________！

・你只有變成我理想中________的樣子，我才滿意！

4 是什麼原因導致了你對這個問題這麼在意？你如何看待自己對這個問題的在意程度呢？

做出區分

有時候，你比問題更重要

問題更重要？還是關係更重要？

憤怒是把問題看得比對方更重要。很多時候，我們之所以把問題放到比人本身更重要的位置上，是因為我們沒有過被優先於問題對待的經驗。對很多人來說，從小到大唯一熟悉的生活方式，就是以問題為先。別人的感受不重要，我們的關係不重要，解決問題才重要。

一位媽媽抱怨說：「我的孩子做一道簡單的計算題總是算錯，實在太馬虎了。這讓我很憤怒，我總是忍不住對他發火。」

這位媽媽非常在意孩子「做計算題」的問題，非常在意孩子是否「馬虎」。有多在意？比在意自己的孩子是否開心、有沒有自己的感受更重要，比她與孩子之間的感情更重要，比孩子如何看待媽媽更重要。但這個「做計算題」的問題，真的有這麼重要嗎？

對於這個問題的思考，會讓人的某些觀念變得鬆動。你會有一個覺知：他「做計算題要算正確」雖然重要，但其實孩子本身也很重要。如果你愛他，如果你想保護你們的關係，那就要把他的想法、他的感受、他的情感、自己與他的親子關係，放到一個更重要的位置。「做計算題是否出錯」這個問題，不應該成為此刻最重要的問題。此時，你的注意力就會轉移，不再只是盯著「做計算題是否出錯」這個問題了。你的視野，有了更寬的範圍。你的憤怒，也會隨之減少，甚至會因為在乎孩子的感受而消失。

有些人覺得，只有解決了問題，才能處理和維護我們之間的關係。舉個例子，有人認為：「他總是批評我。這個問題如果不解決，我們的關係就沒辦法和諧啊。」實際上就是你已經判斷「我好不好」比「我們的關係」更重要。如果一個兩歲的孩子對媽媽說：「壞媽媽，哼！我再也不理你了！」這時對這位媽媽來說，是自己在孩子眼裡好不好更重要？還是親子關係更重要呢？

忠於自己內心的選擇

問題更重要？還是關係更重要？發出這種疑問，其實不代表所有情境下，問題都不如人重要。

一位同學談到對媽媽的憤怒：「弟弟單身，收入略高於我，完全有能力買房子。而我有房貸要還、有兩個孩子要撫養，有段時間老公還待業，媽媽卻想方設法要我把存款拿出來『借』給她，幫弟弟付全額買房子。」

解決這個問題，其實根本不需要憤怒。因為就算你不「借」，媽媽也拿你沒辦法。錢在你手裡，她還能搶過去不成？但這位同學是做不到的，因為她還要考慮媽媽的感受，如果她不「借」錢給媽媽，媽媽會傷心、失望、生氣。但她又做不到心甘情願給媽媽錢。所以，對她來說，錢和媽媽的感受，都很重要。兩者發生了衝突，她消化不了。

這時，依然可以問一個問題：「錢（我們之間的問題）更重要，還是媽媽的感受更重要？」如果你的內心做了一個判斷，是錢更重要，那就不用再考慮媽媽的感受了。如果你覺得媽媽的感受更重要，那就放棄錢。

當你做出忠於自己內心的選擇時，你就可以為自己的選擇負責了，也不會再對別人憤怒了。因為，**憤怒就是你無法為自己負責時，希望別人為你負責。**

有時，你之所以憤怒，是因為別人在指責你、否定你、傷害你，你以憤怒來保護自己。這時，你更關注的是「在你眼裡，我是不是好的」。你依然要問自己一個問題：他對你的看法更重要？還是你們的關係更重要？

不含敵意的堅決

當你覺得對方更重要、覺得你們的關係更重要時，並不意味著你要以妥協來保護對方、維護你們的關係。這種狀態可以表述為：我可以不同意你的觀點，但我依然可以保護你這個人。

在小孩長大的過程中，基於他人生認知的有限性，經常會提一些「無理」的要求。比如說，坐火車時，他會突然跟你說想立刻回家；路過玩具店時，會很想要某個特別貴的玩具……你不滿足他的這些需求，他就跟你鬧、發脾氣。

這時，你沒有辦法滿足他的這些需求。應該怎麼做？有的媽媽就會很憤怒，指責孩子「不懂事」、「無理取鬧」，威脅「再不聽話，我就不要你了！」。實際上，這就是媽媽把問題放到比人更重要的位置上了，在那一刻，她們更想要一個「懂事」的孩子，而非真實的孩子。

那如果要把孩子放在更重要的位置上，應該怎麼做？——**平靜地拒絕**。

> 我允許你表達需求，我只是無法滿足你而已。我允許你有自己的觀點，我只是不同意而已。雖然你是個『不懂事』的孩子，但我尊重這就是真實的你，並依然愛你。我不會因為你不是我想要的那種孩子，就用我的權力去傷害你。
>
> 如果你因為拒絕而感覺到受傷，我很想跟你道歉，願意向你解釋，讓你好受一點：很抱歉，媽媽滿足不了你，原因是＿＿＿＿。我道歉不是因為我錯了，而是為你的難過感到遺憾。同時，我願意看到你的難過，願意陪著你一起難過。你因此生我的氣，我也會在這裡陪著你。如果你願意，我也可以做些別的來讓你好受一點。

這就是「不含敵意的堅決」。

我堅持我自己，你也可以堅持你自己。我表達我的觀點，你也可以表達你的觀點。我們可以在觀點層面上做討論，彼此堅持。但無論我們怎麼堅持，即使你不改變，我也不會因此而放棄

跟你的關係，更不會利用憤怒來威脅你、懲罰你、強迫你改變。

區分「觀點」和「人」

要做到「不含敵意的堅決」的核心，就是區分「觀點」和「人」。

當你發現對方的觀點與你不同時，你可以不同意他的觀點，但你依然可以接納這個人，這時你的憤怒就會降低、甚至消失。但當你覺得他這個人很糟糕，而不是他的觀點很糟糕時，你的憤怒就會非常強烈，很容易對他人進行人身攻擊。

一位同學說：「我老公與異性往來時，從不顧及我的感受。」這時，若你覺得「他就是一個對我冷漠的人」，你就會特別憤怒，覺得他糟糕透了，甚至有想放棄關係的衝動。但是，如果你覺得他依然愛你，你認為他這麼做，只是因為他的觀點是「和異性往來，沒做越軌的事就沒關係」，你就可以做點什麼：可以向他表達你的感受和需求、跟他討論你們觀點的差異，找到一個平衡。

憤怒的人之所以很難接納別人的觀點，是因為他把別人對他的觀點，直接等同於那是對他的否定和排斥，他會特別受傷，進而惱羞成怒。

如果一個人對你說：「你真是太懶了！」這時你會受傷嗎？

假使你覺得，自己的懶雖然不被接納，但你這個人還是被他愛的，你知道自己無論多懶，對方都不會離開自己，這時，你就不會對他的指責有很大的反應。

我見過許多家庭就是如此：妻子每天指責先生懶、不洗澡、不收拾家裡。然而，這個先生依然笑呵呵地我行我素。因為他深深地知道：自己的懶不被妻子接納，但是他這個人還是被妻子接納的。

所以當你對別人憤怒、充滿否定時，你要先問問自己：「我在表達的，是否定他的全部，或者只是在否定他的觀點？在我們之間，到底是問題更重要？還是關係更重要？」

當別人對你表達憤怒並否定你時，你也要先問問自己：「他是在否定我這個人？或者只是在否定我某個觀點？」然後你們就有可能在維護關係的基礎上、在愛與接納的基礎上，思考或討論如何處理觀點差異的問題了。

以憤怒來防禦親密

然而，在區分了人和觀點後，依然很難。因為當你把一個人放到比問題更重要的位置時，就意味著你們之間沒有被問題隔開。當你的孩子做計算題出錯時，你依然覺得你是愛他的。但你潛意識裡會認為這是一件很糟糕的事，因為這代表著你與孩子親密無間了，比隔著一個「計算題」更親密了！

親密，並不是誰都受得了的。

你會發現許多媽媽、伴侶，都不喜歡跟對方表現得情意濃濃。他們更喜歡與對方討論「你有什麼問題」。

那麼，表達情愛和討論問題，有什麼不同？——親密感不同。

如果沒有問題隔著，就像是沒了遮羞布一樣，不是所有人都能受得了。因為過於親密的體驗，對於很多人來說是羞恥的。這叫做「親密羞恥感」。

每個人能接受的親密度都是有限的。被疏遠，不親密，會因孤獨、寂寞而難受，就想做點什麼來拉近彼此的距離。但是過於親密，也會因羞恥、壓迫而難受，就想做點什麼來疏遠。

憤怒在很多時候都發揮著一個作用：你快離我遠點吧，太近了，我受不了！於是，潛意識就會發現兩個人之間的問題，藉此來以憤怒把對方推遠一點。

如此你就能理解一個有趣的現象：兩人分開得久了，就沒那麼在意彼此的缺點了，小別勝新婚。但是兩個人相處久了，便會相看兩生厭。

同樣地，每天守著孩子的媽媽，天天都在找問題，讓親子彼此的距離更遠一點，透過心理上的推開，來抵消物理上的過近；這樣的媽媽，很難對孩子說出「我愛你」。但是每天上班、沒空陪孩子的媽媽就不一樣了，她一定要說「媽媽是很愛你的」，用語言拉近距離，抵消物理上的疏遠。

所以，憤怒在某種程度上來說，就是透過製造問題，將對方推遠。因為你們，實在太近了。

以憤怒推開親密，保護自己

對你來說，親密可能是種不熟悉的經驗。那麼憤怒就是在保護你了：不要離我太近。

這種親密羞恥感來自哪裡？

小時候，你和父母之間最親密的心理距離，就是你長大後能承受的親密心理距離。你小時候與父母有多親密，長大後就能允許自己和孩子、伴侶之間有多親密。一旦超過了這個親密距離，就可能引起吵架、嫌棄和疏遠。一旦疏遠，你就又想主動挽留、找個藉口來說話，再把距離拉近。

父母會藉由找問題的方式把你推遠。同樣地，你也就學會了這種方式。當你意識到這點時，其實可以問問自己：你準備好和一個人真正地親近了嗎？

親密的另外一個壞處：沒人在乎過我的感受啊，我憑什麼在乎你的感受呢？沒有人覺得我比問題重要啊，憑什麼你要比問題更重要呢？

所以，**你只有先去照顧自己的感受，先學會把自己放到比問題更重要的位置，才能用同理心對待他人。**這就是我們下一章的重點。

【思考與表達】

寫下你的一次憤怒經歷。是對誰產生的憤怒？發生了什麼？或者直接使用前面的憤怒案例。

1感受一下，對你來說，相較於他的感受，在這次憤怒中，那個更重要的問題是什麼？

2 嘗試大聲朗讀，並觀察你內心的感受：

・＿＿＿＿比你更重要！

・你感受到什麼不重要，＿＿＿＿才是更重要的！

・我們的關係不重要，＿＿＿＿才是最重要的！

3 如果同時照顧他的感受，你想怎麼處理這件事？

4 如果同時照顧他的感受，這對你來說，會有什麼不好的感受？

5 你如何看待這個過程？

憤怒中的審判

憤怒帶來極大的愉悅感

憤怒是一種「懲罰」

當對方讓你不滿意，而你對他憤怒時，你的內心會產生一些報復性的衝動，想要懲罰對方、迫使對方屈從，進而達到你的目的。在人際關係中，當我們無法以和平談判、好好說話的方式來讓對方做出改變時，武力容易成為解決辦法，而武力解決的最初動力，就是憤怒。從遠古時代人類誕生，到今日文明成了時代的主旋律，武力解決問題的原始方式，一直貫徹始終，本質上從未發生任何改變。

你在對一個人憤怒時，內心會想用兩種方式懲罰對方。這兩種衝動其實並不衝突，甚至在你身體裡同時存在：

熱暴力：我想傷害你

你惹我生氣，我就想打你、罵你、報復你，讓你難受。甚至想毒打你一頓，連殺死你的心都會有。想罵你、詛咒你、撕碎你，讓你下十八層地獄，永世不得超生。

冷暴力：我想拋棄你

我想離開你、拋棄你、和你隔得遠遠的。如果你是我的孩子，我想把你塞回肚子裡，或者送給別人。如果你是我的戀人，我想跟你分開，再也不相見。如果你是我的朋友，那我們絕交吧，認識你是我最大的不幸。

雖然現實層面上，你未必忍心這麼做，或者未必有條件這麼做，畢竟一方面情感會捨不得，另一方面法律也不允許。但其實這並不影響你在憤怒的那一刻，產生了這樣的衝動。

審判別人的愉悅感

你有沒有想過，別人只是沒有符合你的要求而已，你為什麼就這麼想懲罰他呢？

別人沒有符合你的要求時，你就覺得他錯了，想懲罰他。這時你的潛意識裡體驗到一種愉悅感，一種審判別人的愉悅感。

當你給他下了定義，覺得他錯了，並提出要求的那一刻，其實早已忘了對方是一個有自己判斷能力、獨立、與你平等的人。而你會在潛意識裡覺得自己是他的主人。

「我有資格評價你，我有資格否定你，我有資格要求你」，這本身就說明「我」是高高在上的，你是低低在下的。這時候的「我」，彷彿擁有了對他人的審判權一樣，手持法典，對他進行審判：

- 你是什麼樣的人，我說了算。
- 什麼是對的、什麼是應該的，我說了算。
- 你要去做什麼，我說了算。
- 你應該按什麼規則生活，我說了算。
- 如果你不按我說的去做，我就會懲罰你。

這時候的你彷彿代表了正義，化身為光明的使者。

你還會認為：**「如果此時你因為被我誤解、被我否定或被我控制，而感到很難受，那不好意思，這就是我想要的效果。這說明你認同了我的地位，懲罰是有效的。同樣地，如果你做得好，我會給予你讚揚。我可是一個賞罰分明的人！若你因此而開心，那更說明，我的獎賞是有效的。」**

嬰兒般的「全能自戀」

成為世界的中心，這是人類的終極幻想。

每個人在內心深處，都想體驗高高在上、統治一切、唯我獨尊的感覺。所以人類創造了許多與此有關的神話，來幫助人們在幻想層面實現心願。

每個孩子也會在小時候做「我是宇宙中心」的夢；到青春期、甚至成年後，又開始做「霸道總裁夢」、「高富帥夢」……每個幻想也都在昭示著「我渴望成為世界的中心」。

這種感覺，其實是殘留在人體內的嬰兒全能自戀。嬰兒剛出生時，會覺得自己是全能的。他對母親有絕對的控制感：我要喝奶，你就得餵；我要你抱我，你就得抱。嬰兒不會顧及母親的想法和感受。嬰兒對母親來說，就是上帝。

隨著我們長大，漸漸認識到自己的侷限性。在現實層面，我們已經做不到、甚至不再去想成為全能的人。但潛意識卻又不甘於這樣的平凡，甚至會製造出一些假象，好讓我們有高高在上、可以審判別人的愉悅感。

憤怒，就是在幫我們實現這個最原始的願望：憤怒讓我特別有力量，能夠高高在上地否定你。

對他人的憤怒反駁，其實是臣服

當別人對你憤怒時，你會體驗到一種恐懼。這是因為你真的認同了他潛意識裡的投射，覺得他具有主導權，而自己正在被審判。你的潛意識覺得自己要完了，這激起了你的死亡焦慮。但你的理智稍微恢復一下就能知道，他沒有這個能力。他在否定你時，並不能真的審判你。

所以，當別人對你憤怒時，你要知道，那一刻，他在潛意識裡認為對你有審判權，他想決定你的一切。

而這時，你可以問問自己：

- **他說你是什麼樣的人，你就是什麼樣的人嗎？**
- **他說你錯，你就錯了嗎？**
- **他說你該做什麼、不該做什麼，你就要按照他的意思去做嗎？**
- **你要把判斷自己的權利交給他嗎？**
- **你需要認同嗎？**
- **你需要反駁嗎？**

反駁的意思就是「冤枉啊！不是這樣的啊，大人！」。其實，你還是把對方當成了規則的制定者和對你的統治者。

發出憤怒，讓自己被看見

憤怒讓我感覺自己高高在上。而高高在上有一個很大的好處，就是「被看見」。

如果你自身條件有限，又非常渴望被看見、被關注，那你就得站高一點。站得越高，就越容易被看見。越是身處中心，就越是容易被關注到。

所以千萬別謙虛。什麼樣的人才謙虛？是那些自身條件非常優秀，不怎麼表現自己時，也有很多主動關注他的人。這種真正優秀、成熟的人，是很少否定別人的。他們對別人的態度，經常充滿了認同和欣賞。而我等芸芸眾生想要被看見，該怎麼辦呢？只能靠憤怒了。藉助氣勢、音量、理直氣壯感壓倒對方，這樣就可以把自己的姿態擺得高了。從小到大，在家庭教育、學校教育與社會教育中，我們學習到：只有突出的人，才是被關注的；弱小的人，就會被忽視。

所以，憤怒實際上是想把自己擺到一個比對方更高的位置上，來防禦自己內心深處的不重要感。**憤怒看似強大，背後卻是在說：「我渴望被你看見。」**

因為從小到大都是這樣，你的父母只會以高高在上的方式，來獲得你的關注。而你，卻沒有同等的權利得到他們的關注。

心疼自己在憤怒背後的無奈

每次你大聲地朝對方吶喊「你錯了」、「你不應該……」時，都可以再加上一句：**「我在和**

你連結，你看見我了嗎？我在跟你說話，你聽見了嗎？我都這麼主動了，為什麼你還不能關注我一下呢？」

這時，你內心深處真正的願望就流動出來了。你會發現憤怒的背後，是深深的無奈。這種無奈，是即使你那麼大聲地指責對方錯了，他也還是不會走出自己的世界來看你一眼。他只想反駁你，證明他沒有錯。

梳理自己的憤怒，你要學會心疼自己。問問自己，你為什麼那麼害怕孤單，為什麼那麼害怕一個人，為什麼那麼渴望與一個人連結，為什麼那麼急著想把另外一個人從他的世界裡拉出來看看你。為什麼你會那麼虛弱，那麼害怕不被看見。

然後你還需要給自己一些欣賞：**為了被看見，你真的很努力。憤怒正是你努力的方式**，你要跟自己的憤怒說一聲：你辛苦了。也許小時候，沒有人真正關注過你，你一直都是那個被忽視的孩子，這讓你學會了只有大聲吶喊才能獲得關注。但你要知道，現在不一樣了，你可以換一種方式去處理自己被關注的需要。

你要知道，即使沒有人關注，你一個人也可以過得很好。你已經長大了，是個獨立的成年人了，你可以照顧好自己。如果你非常渴望被關注，你可以直接告訴對方「你可以給我一點關注嗎？」而不是使用「你錯了」的方式去指責。

也許，從小到大，父母也需要你的關注。他們引起你注意的方式就是對你憤怒，你也學會以同樣方式對待別人。這也正是你需要心疼自己的地方，當你很小的時候，就不得不回應父母的需求。

面對別人的憤怒時，要知道，當他否定你的時候，潛意識裡其實是想透過否定你，讓你看

見他。如果你愛他，想跟他建立好關係，可以給他一些關注，告訴他：「你別生氣，我看見你了。」要知道，**當一個人被看見時，對錯，已經沒那麼重要了。**

如果你想破壞你們的關係、想讓他更難受，可以大膽地告訴他：「你對我來說，太無所謂了！」這時他被忽視的創傷就會被進一步激起，這句話足夠讓他傷心了。

【思考與表達】

寫下你的一次憤怒經歷。是對誰產生的憤怒？發生了什麼？或者直接使用前面的憤怒案例。

1在這次憤怒中，對方是怎麼忽視你的？忽視了你的什麼？

2感受一下，在這次憤怒的幻想中，你想怎麼懲罰對方？你如何看待自己的這種懲罰衝動？

3在這次懲罰中，你希望對方被懲罰後，怎麼對待你？

4感受一下，你背後那個被忽視的自己。你想對那個自己說些什麼？

5完成下面的句子，並大聲朗讀，然後寫下你的感受：

・我對你的要求就是＿＿＿＿。如果你不聽我的，我就懲罰你，拋棄你！

・其實我很希望你能＿＿＿＿，想讓你給我一點關注。

・你可不可以先不要忙你自己的事，先來看看我？

走出偏執
接納自己的平凡

心智發展的三階段

你憤怒的時候，雖然非常需要別人做出改變，讓你舒服，但是你依然要知道，「你想要別人改變」和「別人自己願意改變」，完全是兩回事。

我也希望能給你一根魔法棒，你一揮，別人的思想和行為都能跟著你的意志轉移，讓你的那些美好願望都能成真。可是我不是天使、不是神燈，你也不是神。人總有一些願望和要求無法實現。這時，你就要學會如何與自己的期待相處。

我們對人的要求，一共分為三個階段：

第一階段：偏執期

憤怒的人，就是處在偏執期裡。這時人的潛意識裡秉承這樣一種邏輯：我覺得你應該關心我，你就得關心我！我想讓你負責任，你就應該去負責任！我想要你尊重我，你就應該尊重我！我不管你的現狀是什麼、不管你是否願意，只要我要求了，你就得去做！只要我想要，你就應該滿足我！你不按我的要求去做，你就是壞人！

處於偏執期裡的人，是以自我為中心的。他們沉浸在自己巨大的情緒、想法和匱乏感裡，完全顧及不了被滿足的可能性有多大、自己是否值得、現實的侷限和他人的意願等。他只記得一條：自己的需求必須滿足不可！

在偏執期裡的人，是完全閉著眼睛，單純靠想像行事的。這時候的人，對自己是理想化的，覺得自己擁有無所不能的權力和力量；對他人也是理想化的，覺得別人有足夠能力輕而易舉地滿足自己。

剛出生的嬰兒，就處於偏執期。嬰兒基於對自己認知的有限，有任何需求都會直接呼叫媽媽。在嬰兒的幻想裡，他能無限制地支配媽媽滿足自己，並且認為媽媽是無限大的存在，有足夠多的能力滿足自己的需求。因為子宮就是無限供給的。嬰兒從未出生開始，體驗到的世界就是想要什麼、就有什麼。而出生是物理分離，嬰兒內心無法完成從子宮照料到母親照料的轉變，再加上嬰兒大腦發展得有限，他不會思考、也無法理解「為什麼有時候媽媽不能滿足我」。

有些成年人，雖然身體在長大，但是內心有一部分固著在了某個地方，他會用一生的時間存在於偏執裡。一旦失控就暴怒，無法接受自己控制不了外在和他人的狀態。並且，為了證明自己要求的合理性，他們會不斷去論證自己觀點的正確性：

- 別人都能做到，你為什麼做不到？
- 以前都能做到，現在為什麼做不到了？
- 在別人面前、在別的事上能做到，為什麼到我這裡就做不到了？

第二階段：憂鬱期

隨著嬰兒的長大，他需要面對一個事實：媽媽不是全能的。很多需求，她都照顧不到、滿足不了；她也有自己的侷限和喜好，有自己的悲傷和匱乏，她無法完全圍著我轉。這種感覺是令人難過、失落的。所以這個階段被稱為憂鬱期。

一個人的憤怒，一旦走過了偏執期，就走向了憂鬱期，人也就隨之學會向現實妥協。這時，他潛意識裡秉承這樣一種邏輯：雖然我想要，但是我得不到了。

處於憂鬱期的人，開始能夠睜開眼睛看看這個真實的世界。他不僅能看到自己的要求，更能看到他人的無能為力，也能看清他人無法順從自己的現實。所以，他就學會了放棄。

放棄，就是一個人成長的過程。雖然很難過，但是讓人踏實。

很多人長大後，懷揣著對父母的憤怒，因而無法走到這個階段。他們還是偏執地認為「你生

了我，就應該管我」、「你是我父母，就應該公平地對待我」。

我訪談過許多重男輕女家庭中的女孩，她們幾乎都在責怪父母為什麼對弟弟或哥哥那麼偏愛。女孩長大後，也還是難以接納父母天生就是有所偏愛的。

還有一些人對父母滿懷恨意：他們為什麼從來都不肯定我！為什麼一直否定我！這也是一種偏執。在這樣的期待裡，他們只把父母當成父母，而忘記了父母也是有侷限的人。實際上，對於情緒化的父母來說，他們在面對孩子時，只能先照顧自己的情緒，根本沒有空間肯定孩子。

對父母偏執的恨走向憂鬱期，就是去承認：我的確不是爸爸媽媽心中最重要的那個孩子，他們的另外一個孩子，比我更重要；他們的工作，比我更重要；他們的心情，比我更重要。

這時，人就學會了哀悼。**哀悼也是一個人成長的過程，就是去承認現實有侷限的過程，也是承認自己平凡的過程。**當我們開始承認自己的要求就是無法實現、承認自己就是無法操控別人的時候，人就可能憂鬱了。不過不要擔心，這也是一個人「去中心化」的過程，他們能意識到：我不再是這個世界的中心，我只是他人眼中很平凡的那一個。我不值得他為我做出那麼大的犧牲。

當需求走到憂鬱期，其實人就不憤怒了。這時憤怒就會轉化為委屈、難過等情緒。

第三階段：責任期

當人意識到自己的需求無法被滿足時，開始憂鬱和難過，同時也有了思考的可能。

哀悼的過程，也是理性恢復的過程。當人的理性恢復後，就會發現「希望別人改變」，只是自己的需求。無論你如何理所當然地要求他人改變，**你的需求始終只能自己負責**，無關於誰對誰錯。

你的錢被偷了，偷你錢的人也被抓了，但是他花完了錢沒辦法還你，只能去坐牢。這不是你的錯，然而結果還是得由你來承擔。比起對錯，此刻，更重要的，是我還能做些什麼來讓自己好受一點。

為自己的需求負責的方法有很多，包括：

●思考：「我為什麼會有這樣的期待？」「我的內在發生了什麼？」

當我看到自己為什麼對這樣一種期待執著時，就可以從原因裡找答案。比如說，有些人對父母的認同很執著，他們自己有個邏輯：「如果父母認同我，我就不會自我價值感這麼低了。」其實，當他們能夠學會自我認同時，就不會再對父母的認同那麼執著了。

●使用有效手段，讓他改變，實現我的期待、讓我舒服

如果我指責、控制、威脅，可以讓他滿足我，我就使用這些手段。如果討好、講道理、哄他，可以讓他改變，我就使用這些手段。如果換人可以讓我舒服，我就去換個對象。

●降低部分期待

處理對他人期待的方式，並不是要完全放棄自己的期待，而是要在對方能夠接受的範圍內，

對他有所期待。

如果你對他沒有任何期待，你們之間的關係也就不需要存在了；如果你的期待過高，你們之間也會充滿矛盾。所以，放棄一部分期待，把期待調整到合理的範圍內，對得不到的部分進行哀悼——這也是一個對自己的期待負責的方法。

這就是愛自己的過程。當人能夠為自己的期待負責時，他就拿回了責任，也拿回了力量，同時真正進入責任期。這才代表著一個人走向了成熟。

當人在憤怒時，大多數人會停留在偏執期，然後壓抑，下次又繼續偏執。時間久了，就會慢慢絕望，進入憂鬱期，放棄對於對方的期望。但是，較少有人能繼續往前走，進入責任期。

處理憤怒，你可以從處理這個問題著手：你準備從什麼時候開始為自己的期待負責？

偏執的人叫不醒

憤怒是因為期待停留在了偏執階段。

偏執其實是有好處的，即可以保持幻想、保持希望。憤怒是一種否定的防禦機制。

比如，對很多人來說，當他們所愛之人突然去世，他們會很難接受這個事實，潛意識為了保護他們，就會幫他們去否認這個事實。他們會保留著逝者的房間，假裝逝者並沒有離開；他們會拚命搖晃逝者的身體，要求他醒過來；他們會拒絕逝者被抬走，緊緊抱著逝者，彷彿他還活著。也許在別人看來，這樣的行為是沒必要的、不正常的，但對於當事人來說，這樣的一種否認，會讓他們內心好受一點。

憤怒就是如此。我們已經改變不了事實，對方也已經無力改變了。可是我們不願意接受事實，便要在幻想裡保持「其實他是願意改變的，他是能夠改變的」的想法。所以我們用憤怒一次次搖晃著對方的身體，跟他說：「你倒是醒過來啊！你倒是改變啊！」

這個過程就是憤怒的人進入了「偏執期」。

失去親人的人，一段時間後，開始接受這個事實。他們開始哭泣，開始哀悼，他們漸漸意識到：我失去他了，永遠地失去了，改變不了了。然後就進入了憂鬱期。

憤怒中的人也是如此，當他們一旦開始意識到無論自己怎麼憤怒、怎麼認為被滿足是理所當然，都無法改變對方時，他就開始接納這個事實，進入「哀悼期」。

失去親人的人，再過一段時間，會不定期地去墓碑前看望故人，跟故人說說話。此後，他漸漸開始了新的生活，開始了一段新的人生。這就進入了「責任期」。

憤怒中的人也是如此，當不再執著對方就是應該為自己改變時，他也就開始選擇了新的方法或新的人，對他來說，就是一個新的開始。

但是，很多人窮其一生，都不願意去相信：我們無法輕易改變他人。

而幻想破滅，正是放下的開始。

【思考與表達】

寫下你的一次憤怒經歷。是對誰產生的憤怒？發生了什麼？或者直接使用前面的憤怒案例。

試著找出：

1在這次憤怒中，你的期待是什麼？

2當時你是怎麼處理這個期待的？

3有哪些證據可以證明，當時他實現不了你的期待？

4如果再來一次，你想怎麼處理自己的這個期待呢？

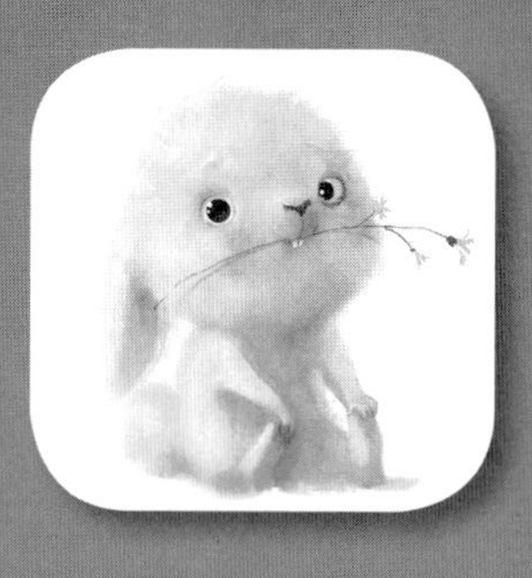

3 自我要求：

因為我不能這麼做，所以你也不能這麼做

憤怒是因為太累了

解決憤怒，就是解決自己的累

憤怒＝外在刺激壓力－內在承受力

一位媽媽這樣說：「我和孩子相處有很大的問題。早上叫他起床，他明明醒了，卻躺在床上不動，明明起來了，又躺在沙發上不動。我理解他剛醒時會有一點迷糊，但總是拖拖拉拉，總是快要遲到了才行動迅速。而一旦要遲到了，不是不吃早餐，就是不想去學校。這讓我特別憤怒。」

其實想要解決這個問題，最好的辦法就是對孩子保持耐心。小孩子的自我管理能力本來就不如大人，他們需要照顧者耐心地教導、溝通、示範、鼓勵、陪伴，並邀請他們一次次地去做，直到內化為他自己的一部分，而後自然就有時間觀念了。

實際上，「耐心」也是解決一切憤怒的有效法寶。只要你有足夠的耐心，就沒有找不到的方法、沒有解決不了的憤怒。然而你會發現，耐心這個詞聽著美好，但是做起來卻無比艱難。

人的內在，就像是一個裝著能量的容器，裡面充滿了耐心。這個容器在人的不同狀態下，有時充盈、有時匱乏。能量越是充足，人對外在刺激的承受力就越大；能量越是匱乏，人對外在刺激的承受力就越小。

我有一個公式，可以表達憤怒：**「憤怒＝外在刺激壓力－內在承受力」**。

當外在刺激的壓力超過此刻你的承受力時，你就會崩潰，想憤怒。當此刻你的承受力足以應付外在刺激的壓力時，你處理事情就會變得遊刃有餘。

憤怒是爆發的「最後的努力」

憤怒是一個信號，它在告訴你：「請注意！請注意！您所剩餘的能量已經不多了，不足以擔負當前任務。您需要及時補充能量或停止任務，釋放更多空間！」也就是說，你需要採取一些措施，保護自己。

憤怒也在發揮著第二個功能：集中突破。憤怒是一種集中的、高爆發的能量。一個人在憤怒時，會把全身心的能量集中在一起去處理令其憤怒的那件事。所以你會發現，一個人在憤怒時，專注度是特別高的。比如，鹹蛋超人奧特曼在與怪獸搏鬥時就是這樣，不等到胸前的警示燈閃閃發光，他是不會放絕招的。

憤怒就是一個人最後的絕招，它在說：

我快受不了了！
我的能量快要被你榨乾了！
求求你，趕緊配合一下，結束這件事吧！
別再折磨我了！

當你回家看到孩子正在打電動，如果你還有能量，就會耐心地陪他，用溫和的方式改變他。但如果你所剩的能量不多，就會對他吼一頓，這是當時你能做到快速讓他學習的最佳方式了。老闆要你加班，如果你還有能量，會覺得加一下班也沒什麼。但當你的能量所剩不多，你就特別想對老闆發個火，好讓你趕緊下班，雖然通常出於對後果的考慮，理智上你不會這麼做。

憤怒就像是「發燒」一樣。發燒有兩個功能，第一是信號功能：發燒是在提醒你，你的身體免疫系統告急了。第二是保護功能：發燒是在啟動集中處理問題的方式，幫你處理細菌和病毒。因此，發燒雖然看起來讓人難受，實際上卻是在保護你。

其實憤怒也是在保護你：讓本已匱乏的你，免於進一步被透支。

所以**當你感到憤怒時，先別責怪自己為什麼要憤怒，或者先別去糾纏對方為什麼做錯。你可以先問問自己：**

「我怎麼了？發生了什麼，才讓我此刻無法承受這件事帶來的壓力？」

能量匱乏的第一個原因：太內耗

●我最近是不是太累了？是不是很久都沒有體驗過輕鬆、快樂了？

消耗你能量的第一個原因是：消耗你的事情實在是太多了。就像是一台電腦一樣，如果你打開的程式太多，那記憶體就不夠用了。

你會發現，生活中每天都有很多事在消耗著你的能量：顧家、養孩子、賺錢、工作、學習、社交、陪老人家、交友、吃飯、睡覺、為夢想奮鬥……對很多人來說，每天的生活被填得很滿，活著都是一件很疲憊的事了，這時再來一件，也許就會崩潰。

所以，上進心越強的人，越容易對自己憤怒，因為他要求自己做的事，實在是太多了，這時一個小挫敗，就可以擊垮他。越是愛操心的人，也越容易對別人憤怒，因為他要顧及的事情太多，根本就顧不過來；這時如果再發現孩子把玩具扔一地，他瞬間就會憤怒了。

傳說中有一頭驢子，背了很多糧食。驢子想：「沒辦法，自己的任務，只能自己扛。」大概上輩子欠了主人或欠了糧食什麼吧，因此要為主人或糧食付出很多。總之，這頭驢子的付出，已經到了極限。然而不幸的是，這時天上有根沒長眼睛的稻草，掉在驢子的背上，把牠壓垮了。驢子就對稻草憤怒：「你沒長眼睛嗎？你都快要把我給壓死了！」這頭驢子，就成功地把這幾天扛著重重糧食的無奈、委屈，發洩給了這根稻草。

那麼，到底是這根稻草，還是糧食快要把驢子壓死了？

你要知道，其實眼前這個刺激你的人，只是一條導火線。讓你憤怒的事情，永遠都是解決不完的，你不可能做一頭永遠在阻止稻草不要落在自己身上的驢子。如果你不去尋找讓你感覺累的真正原因，你還是時刻行走在易爆的邊緣，不是這個人刺激你、就是那件事刺激你。你的內在如果如此的虛弱，就很容易被刺激到瞬間憤怒。

憤怒是在對你說：「你最近太累了，累到承受不起更多的刺激了。」所以當你憤怒時，先不要急著指責對方怎麼錯了，也不要急著自責怎麼如此控制不住情緒。而是要先回到自己的內在，關懷一下自己：「我最近是不是太累了？是不是很久都沒有體驗過輕鬆、快樂了？」

透過向內關懷自己，你會發現身體裡其實存在著一個一直很辛苦的自己。而解決憤怒，其實就是解決自己的辛苦啊。

能量匱乏的第二個原因：太辛苦

● 它真的那麼重要嗎？值得我這麼辛苦地去處理嗎？如果值得，我可否重視它，多調配一些精力過來？如果不值得，我可否放棄一些，不那麼在意結果呢？

消耗你能量的第二個原因就是：當下這個刺激使你背負的壓力實在是太大了。如果你去挑戰自己能力之外的任務，那麼感到挫敗就是必然的。

一位同學說：「我對媽媽很憤怒，原因是媽媽對我很不公平。我坐月子時，媽媽過來幫我帶孩子，說了一些她本來不應該過來的話。但是她幫弟弟帶孩子時卻覺得理所當然。」我問她：「你的希望是怎樣的呢？」她說：「我希望媽媽公平。」

但是，去改變媽媽的價值觀，是何等艱辛。去處理這樣一個任務，再多的能量也會消耗掉。還有那些想在短時間內改變孩子生活習慣的媽媽，以及想在短時間內提升自己能力的人，這些期待實現起來實在是太難了。即使其他什麼事都不做，專注於處理這一件事，都不一定能處理好，何況你只是分出一部分能量來處理。

你越是在意一件事，就越是想把這件事處理好，那麼你所需要消耗的能量就越多。

比如說，客人打碎了杯子，而你能很客氣地說：「沒事的，不要緊。」但如果是孩子打碎的，你就會很生氣。因為客人打碎杯子，你可能只對他貼上一個「他這是不小心的行為」的標籤，就把這件事變成了小事，你並不在意，處理起來不需要消耗多少能量，也就不會憤怒。而孩子打碎杯子，你可能就會上升到認為「他就是做事漫不經心」，這樣，事情就變大了——你產生了想改變他性格的衝動，你的能量就瞬間被消耗殆盡，剎那間，你可能就會進入憤怒狀態。

就像是電腦的記憶體本來還剩百分之六十，但你開了一款大型遊戲，記憶體馬上就會不足。憤怒在說：「這件事情，我處理起來非常辛苦。」

當你憤怒時，可以問問自己：「它真的那麼重要嗎？值得我這麼辛苦地去處理嗎？如果值得，我可否重視它，多調配一些精力過來？如果不值得，我可否放棄一些，不那麼在意結果呢？」

人生可悲的事之一，就是當下這件事明明對你很重要，你卻不願意多花精力給它。更可悲的是，你花了很多精力在這件事情上，卻不知道它為什麼那麼重要。

能量匱乏的第三個原因：太透支

●我最近有沒有做過什麼事情，來補充自己的能量？還是只一味地在透支自己？

消耗你能量的第三個原因就是：你只消耗，不補充；或者過多消耗，較少補充。一個人的內在能量，並不是固定不變的。它就像是池塘裡的水，有流進、有流出，以此保證是活水。

一個人每天要處理很多事情。其中，有些是補充能量的，你每做一點，就會覺得更神清氣爽一點；有的是透支能量的，你每做一點，就會覺得更疲憊一點。前者做多了，你會覺得整個人的生命力越來越充盈，人越來越幸福；後者做多了，你會覺得整個人越來越虛弱，越來越想逃避。

你會發現，面對同樣一件事，人在不同時候體驗到的情緒是不一樣的。

比如說，當你回家發現孩子在玩電動，你會生氣嗎？是每次發現都很生氣嗎？假如你今天剛發了獎金，心情大好，你會發現自己回家後憤怒的機率比較低；但如果在公司被上司罵了後回家，你憤怒的機率就比較高。因為發獎金是件補充能量的事，這讓你回家後，有更多能量去面對孩子玩電動這件事；而在公司被罵，則是一件消耗你能量的事。

再舉個例子，如果是老公躺在沙發上打電玩，你會生氣嗎？這取決於當時你在做什麼。如果你正沉浸在韓劇中無法自拔，這時你對他的寬容度就會很高；但如果你正在為家庭大業操心、做家事或加班工作，你看到他打電玩就很容易憤怒。因為看韓劇是在補充你的能量，而做家事則是在消耗你的能量。

所以當你憤怒時，可以給自己一點關懷，問問自己：「我最近有沒有做過什麼事情，來補充自己的能量？還是只一味地在透支自己？」

自我關懷

當你憤怒時，其實是最需要自我關懷的時候。從憤怒中，你可以問問自己：

- **最近是不是消耗我的事太多，讓我太累了？**
- **我要做的這件事是不是太難了，超出了我的能力？**
- **我是不是沒有及時犒賞自己，替自己補充能量？**

找到這幾個問題的答案後，你就可以安撫自己，而非對別人發怒了。然後你可以做一個決定，想想怎麼愛自己。

有次我搭火車，對鄰座的小孩特別憤怒，覺得他特別打擾我。後來我想了想，大家都在車上，為什麼我的情緒會這麼大？我又觀察了一下，其實是因為我寫稿寫得絞盡腦汁，而別人卻

都在輕鬆地聊天、追劇。但我也不是每次寫稿都在意周圍有什麼聲音，很多時候我會享受在嘈雜環境中，潛心創作的感覺。只有一種情況下我會煩躁、憤怒，那就是正在寫的這個主題對我來說太難了，我不擅長，寫不下去。

雖然這篇稿子對我來說很重要，但是沒辦法，我已經盡力了。我的大腦已經飽和，生產不動了。所以我做了決定：不再寫了，玩一下電動吧。當我打開遊戲、戴上耳機，雖然還是能聽到那個小孩在玩鬧，卻不會影響到我了，我也不再對他憤怒。

你也可以問問自己：「已經這麼辛苦了，我想怎麼安撫自己呢？」安撫自己，就是解決憤怒最好的方法。

與別人連結

當然，如果你看到一個人在憤怒，而你是愛他的，你可以去安撫他、去關心他，瞭解發生了什麼。除了當下你惹他生氣以外，他還經歷著哪些挫敗，還有哪些事情在消耗他。去關心一個人內在的虛弱，就是非常大的愛。當一個人對你憤怒時，正是最好「乘虛而入」的時機。反過來你可以感受一下：**如果此刻你對一個人憤怒，他卻來安撫你、心疼你、關心你的虛弱，你會有什麼感覺呢？**

這是很讓人感動、能很快建立親密關係的方式。

當然，如果你跟他有彆扭，就是想刺激他，那當他憤怒時，你就知道此刻已經是他崩潰的邊緣，他無法再承受更多的消耗。這時，你只要想想怎麼做能更刺激他、更消耗他就可以了。

【思考與表達】

寫下你的一次憤怒經歷。是對誰產生的憤怒？發生了什麼？或者直接使用前面的憤怒案例。

1除了當下這件事，還有什麼別的事在消耗你？你怎麼看待這樣的自己？

2當下你要處理的這件事，難度如何？你怎麼看待自己要去處理這樣難度的事？

3最近一次讓你補充能量的，是哪件事？你怎麼看待這樣的自己？

4此刻你可以做哪些事來恢復自己的能量？

5在心裡對讓你憤怒的人說：

・你做＿＿＿＿給了我很多消耗！

・我太累了！所以你要配合我，不要再做＿＿＿＿，不要再給我更多的刺激了！

・我太累了！所以你趕快配合我一下，趕緊讓＿＿＿＿這件事結束吧！

體驗一下，當你這麼表達時，你有什麼感受、想法和決定？

自我要求

我怎麼要求你，就是在怎麼要求自己

我對自己的要求就是「認真」

憤怒是對別人的要求。我們在憤怒時之所以要求別人，是因為我們也是這麼要求自己的。

一位同學說：「我叫老公去收衣服，他真的就只收衣服，襪子掛在那裡當沒看見，我好生氣。我就對他說：『你說你這麼不認真，我還能指望你做什麼，你能有什麼用！』」這位憤怒的同學對丈夫貼了一個「做事不認真」的標籤。而她的憤怒就是在說：「我對你的要求，是做事情必須認真！」

這聽起來好像沒什麼問題，的確是這麼回事。但我們先不要急著選邊站，不要輕易認同這位同學的角度。讓我們嘗試站在先生的位置上看一看，他也會認同自己不認真嗎？

從先生的角度出發，他可能會覺得自己的妻子太過認真。所以，到底是這位先生太不認真，還是這位妻子太過於認真呢？

從各自的視角出發看對方，就會看到不同的答案。摩擦是因為差異，要解決這個矛盾，有兩個方案可選：

- **先生向妻子學習如何認真，收衣服時順便收襪子，他們就沒有嫌隙了。**
- **妻子向先生學習如何睜一隻眼、閉一隻眼，襪子沒收就沒收吧，他們之間也就沒有摩擦了。**

對於這位同學來說，她直接採用了第一個策略，希望先生按照自己的標準去做事，自動忽視了第二個策略。即使這位同學想到了策略二，對她來說，可能也做不到。為什麼會這樣呢？因為在她的世界裡，向先生學習「不認真」，是完全不可能的。她內心深處還有一個想法：「我對自己的要求，是做事情必須認真！」

這就是她給自己設定的一個侷限。我們可以想像，這位同學在收襪子問題上都這麼認真，那她在生活其他問題上也會非常認真。對她來說，可能從來就沒有體驗過「不認真」，也不想去體驗。那麼，她也會對先生有這樣的要求：「你也必須跟我一樣，做事情一定要認真！」

我對自己的要求就是「不能笨」

一位媽媽說：「教孩子寫作業，明明知道自己不該發火，但教了好幾遍他還是不會時，瞬

間火氣就上來了，就對孩子吼，之後又懊惱自己傷害了孩子。」這位媽媽之所以對孩子憤怒，是因為她對孩子貼了一個「笨」的標籤，認為孩子怎麼教都教不會。這位媽媽的這種憤怒是在說：「我對你的要求就是，你不能笨！」

媽媽教孩子做作業，孩子學不會，是什麼原因導致的？除了從客觀上來說題目很難之外，從人的主觀角度來說，有兩個原因：

● 孩子太笨，怎麼學都學不會。

● 媽媽太笨，怎麼教都教不會。

這時，媽媽為什麼只表達第一個原因？為什麼對於第二個原因，隻字不提呢？是因為媽媽不想承認自己笨啊。因此，她內心深處其實是這樣認為的：「我對自己的要求是，我不能表現出笨的一面！」

這就是她給自己設定的一個限制。但是，孩子作業完成不了的結果又需要一個人來承擔，那麼誰來承擔呢？媽媽不想承擔，那就只能由孩子承擔。當兩個人一起做錯某件事，有一方不想承擔責任，怎麼辦？那就只能全部推給對方啊。

假如這位媽媽允許自己笨，會怎樣？她就能夠大大方方地說：「哎呀，我太笨了，實在教不會你。」那麼這時就算孩子還是學不會，媽媽也不會那麼生氣了。這就是為什麼高中生的作業寫不好，通常媽媽們不那麼生氣，但小學生的作業寫不好，媽媽們就會生氣的原因。

所以，**一個人怎麼要求別人，他同時也在如此要求著自己。**

「要求」不等於「做到」

要求是一個內在的過程。有些人覺得：「他這麼要求我，但我沒見他這麼要求自己啊。他對我這麼嚴格，對自己卻那麼隨意。他總是要求我去洗碗、刷鍋子，為什麼自己不去做呢？他明顯是有雙重標準啊。」

雙重標準只是一種表面現象，背後可能有兩個原因。

第一個原因：要求的是「標籤」，而非「事實」

一個人要求你洗碗、刷鍋子，自己卻從來不做時，他對你憤怒的標籤，可能是「做好該做的事」。那麼他對自己的要求可能不是在洗碗、刷鍋子，而是在他自己認為應該做好的事情上。

如果一個男人對一個女人的要求是「女人應該賢慧」，那對應的，他對自己的要求可能會是「男人應該養家」。在這個男人的世界裡，「賢慧」和「養家」有一個共同的標籤，就是「扮演好自己的角色」。

第二個原因：混淆了「要求」和「做到」

如果一個人遊手好閒，什麼事都不做，卻嫌棄你很不上進，那麼他在家什麼都不做很有可能只是個表象，但這並不影響他內在有巨大的焦慮和對自己的嫌棄，他會覺得自己也應該上進、忙碌。當看到對方也是一事無成的樣子，他反而會脾氣更大，因為他內在有很強的挫敗感，他一直要求自己「事業有成」卻做不到，這激起他內心深處的挫敗感，而使他很憤怒。

只看一個人的外在，是看不到他對自己的要求的。你只有去深入地瞭解他，才能感覺到他內在對自己有哪些要求。

先處理對自己的要求

當你對別人憤怒時，你希望他跟你一樣，產生同樣的自我要求，這是一種沒有界限的行為。有些人說憤怒本身是在維護界限，其實憤怒本身更是在破壞界限。你是維護了自己的界限，但同時侵犯了他人的界限。

當你憤怒時，你可以要求某個人在當時滿足你的要求，但無法讓所有人在任何時刻都滿足你的要求。終有一天，你要學會，和自己的要求與現實相處。而更重要的一步，則是回到自身，先處理對自己的要求。

憤怒是一個機會，順著你對別人的要求，可以發現你在日常生活中，對自己有哪些要求。當你學會處理自我要求時，自然就學會如何處理別人的要求。

所以，憤怒時，先問問自己：

- **我對他的要求是什麼？**
- **我是不是在用對自己的要求去要求對方？**
- **我在苛求他人時，是否也如此苛求過自己？**

學會處理對自己的要求的過程，就是自我關懷的過程。

我允許自己排擠你

一位同學說：「我幫父母買了禮物，本來是用來孝敬他們的，嫂嫂卻對我說：『你怎麼又花錢，讓你破費了……』這雖然表面上是客氣和感激，但我越想越覺得不對。我孝敬父母，跟你有什麼關係？這讓我覺得，他們是一個把我排除在外的共同體。我覺得我被嫂嫂排擠了，這讓我很憤怒。」

這位同學對嫂嫂行為貼的標籤是「排擠我」。那麼，要解決這種憤怒其實很簡單，我跟這位同學說：「假如這是真的，嫂嫂在和你『搶父母』、把你排擠在外，你也可以去拉攏父母、排擠她呀。你可以做很多事讓父母與你更親近，讓嫂嫂和父母稍微遠一點。你是親生的女兒，而

嫂嫂是外來的媳婦，其實你是先占了一步優勢的。如果在你家，兒子更受重視，那嫂嫂也占了一步優勢，這樣你們倆就扯平了，公平競爭。」

其實，如果這位同學排擠得過嫂嫂，她就不會憤怒了。而她之所以憤怒，是因為她做不出這樣的事情。她的內心深處對自己有這樣一個要求：我是不能排擠別人的。於是她把這個要求，也轉移給嫂嫂。她希望嫂嫂跟她一樣，也不能做排擠別人的事。

可是嫂嫂和她不是一樣的人，嫂嫂無法實現她的要求。

這時你就要學會關懷自己，問問自己：「我為什麼一定要去要求自己不能排擠別人呢？是誰規定了我不能排擠別人？我可以允許自己不去執行這個要求，允許自己做一次壞人嗎？」

訪談後，我發現，這位同學之所以要求自己不去排擠嫂嫂，是想照顧嫂嫂的感受。她從小就在重男輕女的家庭裡生活，飽受排擠。她不想再讓嫂嫂有這種感覺，於是她要求自己照顧嫂嫂的感受。想明白這一點後，她做了一個決定：「你不照顧我的感受，我也不必要求自己照顧你的感受了。我決定，我先照顧自己的感受。怎麼照顧呢？就先從允許自己排擠你開始吧。」

別人對你憤怒，是他以「自我要求」在要求你

憤怒是一個機會，透過你對他人的強迫，你也可以看到平時自己是怎麼強迫自己的。這時你可以思考：**為什麼要對自己這麼狠？**思考過這個問題，你就能學會如何心疼自己。

同時，當別人對你憤怒時，你就可以知道，他其實也很可憐：他此刻對你提了一個要求，讓你覺得很不開心，你也只是不開心一時。他之所以對你提要求，是因為他也是如此要求自己，而且，他對自己的要求，時間更長、高度也更高。只不過，他早已習慣對自己如此苛刻，而你還不習慣而已。

易怒的人，對自己那麼苛刻，挺不容易的。這時，你可以心疼他，邀請他發現他對自己的強迫。當然，你也可以去「欺負」他，這樣告訴他：「你自己要求自己吧，反正我不這樣做。」

【思考與表達】

1寫下你的一次憤怒經歷。根據你的標籤，寫出對於對方的要求：

・我對你的要求是：你應該＿＿＿＿＿。

→把這句話替換成：我對自己的要求是：我應該＿＿＿＿＿。

2找出三個證據，證明你是如何要求自己實踐這個理念的。

3把這句話轉變成對他人的要求，生成這樣的句子，並大聲朗讀，體驗一下你的感受：

・我對自己的要求就是＿＿＿＿＿。

・你也應該跟我一樣，對自己的要求是＿＿＿＿＿。

4你想如何處理自己的這個要求，進而安撫自己呢？

自我要求高的四個特點

你是自我要求高的人嗎？

「自我強迫」：我不喜歡做，但我還是得做

一個人對自己有要求，本身是件好事。俗話說，水往低處流，人往高處走。追求更好的，是一個人向上的動力。每個人都希望自己做更多的事、產出更大的價值，成為更優秀的人。所以每個人都希望自己盡可能多努力、多創造、多做事、多產出，這是人的本能。

在生活中，我們也會喜歡那些對自己有要求的人。這樣的人看起來對生活充滿信心和追求。但是有一個隱藏的問題，卻經常被人忽略：你真的能自如地控制你對自己的要求嗎？你真的能夠想要求就要求、想不要求就不要求、想怎麼要求就怎麼要求嗎？還是，你的要求經常在控制你——無論你是否願意、無論你是否舒服，都得按照你的要求做？

在電視劇中經常看到這樣的情節：人們喜歡練一些奇怪的法術，一開始的時候，人們駕馭這些法術，這讓他們更加強大。但隨著人對這些法術逐漸痴迷，法術就會反過來控制他們，這些人這時就變成被法術奴役的人，「走火入魔」。

很多時候，人一開始是享受自我要求的，但是到了一定程度，人就開始耗竭了。這時如果你還不放棄，就會被要求所控制。你在強迫自己實現要求時，要求也在強迫著你。

也就是說：我的身體和感受告訴我，我已經不想做了，我不舒服，我排斥它，我很累，我想放棄，我想去做別的。但是我的大腦卻告訴我：不，無論多苦多累多委屈多折磨，你都必須去做！你要忍耐，堅持一下，再堅持一下！

比如說，「不給別人添麻煩」很多時候是好的。遇到事情，能自己做的時候，你都會自己解決。但其實並非所有時候你都是舒服的，當你不想給別人添麻煩、卻又讓自己不舒服時，你就是在自我強迫。

比如說，你發燒了需要去醫院，內心覺得很失落、很孤單，很想找個人陪你一起去。可是想到親友都很忙，約他們陪自己去醫院，是會給別人添麻煩的，於是你獨自去了醫院。在這個過程中，你就是在強迫自己不給別人添麻煩。

再舉個例子，「追求上進」是好的。你會主動找事情做，做更多的事，創造更多的價值。但你卻不是所有時候都想、都能上進的。有時你會經歷到挫敗，有時你想放棄，有時你會忍不住去打電動、睡大覺，每當這時候你覺得自己是在浪費時間，有很強的罪惡感，不能忍受自己去娛樂，那就是在自我強迫了。

自我強迫，就是「我不想，但我必須」。**哪裡有壓迫，哪裡就有反抗。**你的大腦要求你必

須去做，你的身體就會以反應遲鈍、拖延、效率低下等方式來消極抵抗，讓你感覺到自己更糟糕，變得更想強迫自己。

「我違背我身體的旨意，強迫它去做不喜歡的事」，就是自我要求高的第一個特點。

「自我侷限」：我只能這麼做，不能做別的

自我強迫會讓自己持續內耗，結果就是越來越心累。總有人說：「這是應該的啊。」是的，這的確是應該的，我同意你。但應不應該是大腦的事，身體可不管，身體只管它累不累。也有很多人認為：「這些我都能做到啊。」是的，很多時候你能做到。照顧別人的感受、上進、善良、對孩子負責任，這些事多數時候你做起來都輕而易舉，而其他的努力一下也是可以做到的。做一次可能不會累，但是持續做就必然會累了。

一個人對自己的要求，分為「情境性要求」和「方向性要求」。

情境性要求

你對自己的要求是屬於某個具體情境的。它的特點是：你的要求有一個明確的截止時間點，你知道什麼時候可以停止。

比如說，你要送孩子去上學、你要做一頓飯、你要完成一件工作、你要賺到一百萬，這些都

是屬於某個具體情境中的要求。這些事，你駕馭起來可能並不輕鬆，但它們起碼是有終點的，你知道強迫自己在一段時間內完成，就可以休息了。而且每當你做了一點，就離你的目標更近一點，就會更有希望。

方向性要求

你只能往那個方向走，一直往前，沒有終點。就算無法完成，也不能倒退。

比如說，你對自己的要求是保持自律、上進、善良、負責任等。這些要求，是方向性的要求，沒有終點。你絕不能在任何時候表現出放縱、墮落、自私、不負責任，一旦有，你就開始責備自己，要求自己立刻調整。你會一直奔跑在這條沒有盡頭的路上。

當你去問一個人：「你什麼時候可以不再追求上進？什麼時候可以不再這麼為別人考慮？」你會發現，他是無法回答的。因為在他的答案裡，大概是一輩子都要這樣吧，想想就很累。

對於方向性的要求，人在某個情境裡是可以實現的。但計畫趕不上變化，情境複雜多變，你總會遇到很多駕馭不了的情況。

方向性的要求，就是對人生的一種侷限，是一種「只能A，不能-A」的侷限，這是一個人在自我要求中累垮自己的第二個特點。

「完美要求」：我要做到絕對的最快、最好

這種自我要求，是異常艱辛的。當一個人自我要求時，他的潛意識是這樣想的：

- **必須立刻、馬上改正。**
- **必須改正到一百分。**

如果你對「父母不顧及你的感受」而憤怒，那是因為你在要求自己顧及父母的感受。當你讓父母不開心，你就會自責。當你自責時，你會做什麼呢？你就會盡可能地去順從他們，讓他們開心。假如，你盡可能地順從了他們，他們只是稍微開心了一點，並沒有很開心，這時候的你會對自己滿意嗎？你會就此停手不管他們嗎？

你潛意識裡的目標，其實是要做到「直到他們對你表達滿意」，才能坦然放下這件事。所以從程度上來說，你對自己的要求就是一百分。

做到一百分也不是問題。關鍵是你願意給自己時間慢慢來嗎？這次你讓父母不滿意，可以下次讓他們滿意啊；下次再不滿意，可以下下次讓他們滿意啊。只要時間足夠久，你慢慢做，總有一天，你會讓他們滿意的。

人在自我要求時，內心會有種焦急感，這種焦急感讓你一秒都不想等，最好是能給你一粒仙丹，吞下去就能讓你馬上改變。現實是，這兩個方向的內在目標，你一個都做不到，所以你就會體驗到更挫敗的感覺。

因此你來體會一下，經過以下這三個過程，你的內在會有什麼樣的感受：

- 我有一個地方沒做好，就給自己貼一個標籤，覺得自己很糟糕。
- 我想要做到一百分，完全改變自己。
- 我想要馬上、立刻改變。

你的潛意識根本處理不了這麼大的工作量。你只會更加內耗、更加挫敗、更加自責、更加崩潰。你的承受力會變得更低，也就更容易透過憤怒，將這種挫敗感轉移出去。不然在這種完美的目標下，你會感到很累。

「追求完美」，是一個人在自我要求中累垮自己的第三個特點。

「我不能違反規則」

自我強迫，就是你的大腦在強迫你的身體做它不願意做的事。那你的大腦又是誰在控制呢？是你自己嗎？其實並不是。控制你大腦的，是你內心深處的規則。**其實當你在以你的規則要求別人時，你也正在被那些規則所奴役著。**你認為：

- 人一定要照顧別人的感受，不能自私。
- 人一定要努力過好的生活，不能平庸。
- 人一定要做好媽媽、好爸爸、好妻子、好丈夫，不能任性。
- 人在關係裡一定要以和諧為重，不能隨便起衝突。
- 人做事情一定要有始有終，不能半途而廢。
- 人做事情一定要果斷，不能拖延。
- 人活著一定要每天上進，不能向下。
- ……

「人一定要……」的規則，就像是人間真理一樣，在你的內心深處，神聖不可侵犯；也更像是一種信仰，信仰了這個規則，就成了它的門徒。

其實你不是在自我要求，你只是在對門規忠誠。

身邊有很多人跟我說，他們是無神論者，沒有信仰。我就會說「不，你有」。信仰的不一定是宗教、不一定是某個具體擬人化的絕對力量。你內心深處的規則，就是你的信仰，你可以為了它犧牲你的個人情感，甚至可以為它付出一切。

有些人為了上進，工作到猝死，已經到了犧牲生命的程度，足以見得信仰力量之強大。

當一個媽媽是「負責任」的「門徒」時，媽媽的「門規」就是：做媽媽就應該無論何時、無論何地都負起責任。為了履行這個門規，她不惜犧牲自己跳晨舞的時間、犧牲陪孩子玩的時間，也不惜以與孩子發生衝突、破壞跟孩子的感情為代價，來完成自己對「責任感」的使命。

一位同學說：「每次主管要跟我溝通工作時，他的眼睛一直盯著電腦，我就感到不被尊重，特別憤怒。」可以看出這位同學對她主管的要求就是：要尊重我。同時，她對自己的要求也是：要尊重主管。因此，你的要求是大家都得遵守「人一定要尊重別人」的門規。

你對別人憤怒，實際上是你想要求對方和你一樣，都做遵守這個規則的門徒。

「我絕對不能違反規則，哪怕犧牲生命」，這就是自我要求中，第四個累垮自己的特點。

【思考與表達】

寫下你的一次憤怒經歷。是對誰產生的憤怒？發生了什麼？或者直接使用前面的憤怒案例。

1找出這次憤怒中，你對他人使用的標籤和規則。

2根據這個規則，生成以下句子，並大聲朗讀，體驗一下你有什麼樣的感覺：

・我對自己的要求就是：必須______，我只能______。

・我發誓，我一生忠誠的規則是______。

・無論我多累、無論我多不情願，我都將遵守這個規則！

・你作為我的______**（角色）**，你也必須遵守這個規則！

·你必須跟我一樣，拜在＿＿＿＿＿＿＿＿（標籤）的門下！一有違規，立即接受懲罰！

3 對於這個要求，你是怎麼實踐的？有哪些時候，其實你是不想做的？那時候，你是怎麼強迫自己的？

4 當你寫完這些，你想怎麼對待自己呢？

降低對自己的要求

六十分的自己，就是足夠好的自己

從允許自己有一次做不到開始

有位同學說：「孩子很黏我，我想出去時，他哭鬧著不讓我去。我就很抓狂，覺得自己一點都不被理解、一點都不自由。」這位同學之所以憤怒，是因為她對孩子貼上一個「太任性」的標籤。

我跟她講：「你把他甩一邊，自己堅持出去不就好了。難道你孩子的力氣比你大？能攔得住你？」她說：「那我也太任性了吧！」所以我們會發現，她對自己的要求就是：不能太任性。

我繼續問她：「你允許過自己任性嗎？」

她告訴我，她經常任性。我又問她：「那你在任性時，是什麼感覺呢？」她回答：「特別自責。」所以，她的內心其實從來沒有放過自己、沒有允許過自己任性。她對自己的要求就是：

「我在任何時候、對任何事情，都不能任性。」

我們判斷一個人是否允許自己做某件事，並不是去看他的行為做到了、或者沒做到，而是他的內心是否允許自己去做。即使他做了，但是他的內心卻一直在掙扎，那麼，他就是從來沒有允許過自己。

這位同學需要做的，應該是降低對自己的要求，從不再要求自己做到一百分開始。哪怕孩子鬧了十次，你忍了九次，有一次沒有再為他妥協，就表示你已經開始降低自我要求了。

放過你自己，其實就是從「允許自己有一次做不到自己的要求」開始的。

黃金放棄比例

實際上，允許自己每做十次就可以放縱一次，依然非常苛刻。

在數學中，如果我們把一條線段分割為兩部分，較短部分與較長部分的長度之比，等於較長部分與整體長度之比，這時會得到一個數值，這個數值叫做「黃金分割點」，而這個比例叫做「黃金比例」。黃金比例在建築、設計、音樂、美術以及生活中，都有著相當廣泛的運用，因為基於這個比例做出的設計，非常和諧，也非常舒服。

這個比值是一個無理數，取小數點後的前三位就是0.618，約等於百分之六十。再常見不過的一個數字了，從小我們就很熟悉，因為它是及格的比例。

不知道是不是被數學啟發，英國心理學家唐諾．溫尼考特創造了一個類似的詞，這個詞叫做「六十分的母親」。溫尼考特認為：六十分的母親，就是足夠好的母親。不要試圖做到一百分，**一百分不是完美，而是傷害。**

因為一百分的母親，剝奪了孩子的成長空間。當媽媽做到四十分是「壞媽媽」，孩子恰好學會了獨立，學會了如何與他人相處，如何適應他人、適應這個社會。如果媽媽給予的愛過多，那是在剝奪孩子的獨立性；如果媽媽給的愛太少，則是讓孩子面對過大的困難，就會形成創傷。這四十分的不愛，又叫做「恰到好處的挫折」。

其實擴展到生活的各方面，0.618：1都是讓生活美好的一個比例。

比如說「任性」。最黃金的任性比例應該是：你可以百分之三十八．二的任性加百分之六十一．八的不任性，這才是一個可持續的、符合人情的處事法則。

比如說「責任」。不必要求自己什麼時候都得負責任，也不必要求自己什麼事情都負責任，你只需要在百分之六十一．八的事情上負責任，在百分之三十八．二的事情上盡力負責任，那麼你就已經是一個非常好的人了。

可以放棄的兩個時候

當然，上一段的內容聽起來就像機器一樣在計算著，有些可怕。如果真的認真起來反而讓人不知道該怎麼辦了：這百分之六十一．八應該怎麼評估？怎麼核算？怎麼控制？誰來決定？誰來檢查？你去秤體重有可量化的標準，但是做事情怎麼去掌控這個標準呢？

其實，這本來就是一個理想的數值，並不是要你刻板地追求百分之六十一．八的精準。其實很多時候，你都不必刻意去任性、自私、不負責任，**只需要在這兩個時候原諒自己就好了：**

● **做不到的時候。**

● **堅持了一會兒，不想再堅持的時候。**

你要相信身體給你的信號。它會告訴你：什麼時候其實你是做不到的；什麼時候雖然你能做到，卻是特別累、不想做的。

比如說，孩子在旁邊鬧，可是你想出去玩。那麼，什麼時候你可以任性呢？

● **第一種情況：**你感覺繼續陪伴下去，你就要崩潰了，每跟他多待一秒，你都覺得很煎熬。在陪伴他這件事上，你已經做到極限了，沒辦法再遵守「我是不能任性的」這個規則了。

● **第二種情況：**如果再忍忍，你還能再陪他一會兒，但這麼做的時候，你真的覺得已經很委屈、很不情願，這時你也可以放棄了。因為再繼續忍下去，結果也還是會回到第一種情況裡，你始終無法滿足他所有的需求，成為一個不任性的媽媽。那麼，為什麼不是現在呢？

你要知道，忍耐和堅持不是在所有時候都有意義。當任務的難度超過了你的極限能力，你只不過是在下一刻放棄、還是這一刻放棄之間做選擇而已。你始終要面對自己有做不到不任性的部分，只是百分之四十和百分之二十的區別而已。但百分之二十的不任性，未必比百分之四十的不任性要好。因為你的堅持未必能產生正向的價值，卻一定會讓你受苦。

你要知道：當你覺得累的時候，正是你放棄的最好契機、是你原諒自己的最好契機。你做不到時、不想堅持時，也正是那百分之三十八．二展示的機會。

靈活即自由

降低要求絕非沒有要求。降低要求，只是尊重自己能力的侷限、尊重自己意願的侷限。

所以降低自我要求的本質，就是尊重自己。尊重自己是個有侷限的人，而非無所不能的神。尊重自己是個獨立自由的人，而非被要求所控制的人。

但降低自我要求，必然會帶來一個糟糕的結果：破壞了自己的規則。這也是為什麼我們難以降低自我要求的原因，因為內心總有一種「背叛師門」的恐懼感，像是破戒後等待懲罰的門徒一樣。

這時你要學會的，是「自立門戶」。你需要清理自己內在舊有的門規，重新建立一個屬於你自己的規則。也就是說，你要改變你的內在規則來適應你，而非一直改變自己去適應規則。

在沒有覺察這個道理以前，就有一個規則奴役了我二十多年：好好學習，**天天**向上。為了這個「天天」的門規，我全年三百六十五天在學習、在工作，如此我才能保證天天向上。甚至我覺得談戀愛都是在浪費時間。因為今天逛了一天公園，沒有向上，這就是違反了門規，晚上就不得不懺悔，面壁思過。

直到後來我背叛了師門，重新拿回主動權去駕馭這個規則，讓它變成：好好學習，**時而**向

上。我才覺得重新獲得了自由。我的人生才不再是一個永遠遞增的函數，它可以在我精力充沛、想向上時向上；在我感覺勞累、覺得平凡也無所謂時不向上；甚至在我想放縱、想混日子時，可以向下。

當我靈活地調整規則，我就真正獲得了自由。

同時我也發現，當我自由後，效果反而更好了。時而向上，居然比天天向上的效率更高，創造的價值也更大。

靈活的意思不是不遵守規則，也不是一定要遵守規則，而是我可以「根據情境去選擇」，什麼時候使用、什麼時候放棄，而非不顧現實情況必須、一定要去做到什麼。

如此，你就能降低對自己的要求，得到休息，可以讓自己的精力充沛起來，承受力變得更強，內在更加和諧。

【思考與表達】

寫下你的一次憤怒經歷。是對誰產生的憤怒？發生了什麼？或者直接使用前面的憤怒案例。

1找出這次憤怒中，你對別人的要求。並根據這個要求，找到你對自己的要求。

2根據你對自己的這個要求，你能想到你為此做過哪些事情嗎？

3堅持自我要求的過程中，帶給你什麼樣的感受？

4如果再來一次，讓你選一個放棄的時間點，你會在哪個時間點放棄？那個時刻的放棄，和你堅持著不放棄，效果上有什麼差異？

5這個要求背後運用的內在規則是什麼？這個規則是怎樣侷限了你？你想怎麼修改這個規則？

為了迴避「陰影人格」

我不喜歡你，正如我不喜歡我自己

自我要求是想維持形象，迴避陰影人格

自我要求高的壞處就是有各種辛苦。但人們之所以自我要求，是因為背後獲得的好處大於辛苦，所以才會寧願吃這個苦。

自我要求的好處，就是排斥自己的陰影人格，只留下陽光人格。

「陰影」是心理學家榮格提出的一個概念，意為我們所不能接納的自己、不喜歡的自己。與之對應的陽光人格，就是我們所喜歡的那個自己。

實際上，人是豐富而全面的，每個完整的人都擁有「陰影」與「陽光」的兩面特質。我們每個人都既是善良的，又是邪惡的；既是無私的，又是自私的；既是上進的，又是墮落的；既是勇敢的，又是膽怯的。只是在不同的事、不同的人面前，人會表現出不同的性格。然而，不是身上的每個特質我們都喜歡，我們既不想讓別人看到自己的陰影，也不想讓自己看到自己的陰影，這時人就有了自我要求。

當一個人要求自己對別人必須熱情時，他就能感覺到自己不是一個冷漠的人；當他要求自己不能給別人添麻煩時，他就感覺自己不是一個自私的人；當他要求自己不輕易否定別人時，他就感覺自己不是一個愛抱怨的人。因此，自我要求的意思就是：

．我不接納——的我！

．我不喜歡——的我！

．我這麼努力要求自己，就是為了不讓自己看起來——。

比起真實的自己，我更愛理想的自己。這部分投射出去，也會變成對別人的憤怒：「我不喜歡真實的你！不接納真實的你！比起真實的你，我更愛理想中的你！」所以，**我不喜歡這樣的你，是因為我不喜歡這樣的自己啊。**

我們想維持的陽光人格，也是我們自己為自己設定的形象。

明星們都有自己的形象設定：好男人、女王、小甜甜、個性派。他們會根據自己的特點，包裝自己，形成一種形象，並進行宣傳。然而，當明星做出與設定不符的行為時，形象就會破滅，粉絲唏噓不已，不再支持。由此可見，明星維持自己的形象，還是很小心的。

同樣地，我們在努力自我要求維持是個好人形象時，也是很辛苦的。但即使如此，人也不能

輕易放棄，畢竟「累死事小，形象事大」啊。

除了苦苦支撐、不停地自我要求外，還能怎麼辦？聰明的潛意識總有辦法來解決這個問題，那就是：利用憤怒。

敏感是「阻止別人說出來我很差」

憤怒的好處之一，就是阻止別人指出我身上的陰影。當我對別人的評價很敏感時，當別人說我這個人是什麼樣子時，我就要竭力反駁和解釋，好讓他閉嘴，不要去說我是這樣的人。

有位同學說：「我自己帶兩個小孩，有時候就是很難準時出門。老公也不幫忙，抱著手在旁邊看著，還指責我慢。一開始我還解釋，後來我們就吵起來了。直到我發飆，他才會閉嘴。」

「慢」就是這位同學的陰影人格。丈夫指出來她「慢」，她就要用「因為我要帶兩個孩子」來極力地解釋，好讓先生閉嘴，去排斥自己身上慢的部分。對她來說，是不能接受自己慢的。

如果她能接受自己的陰影人格，會是什麼樣子呢？她就會說：「是啊，我就是很慢啊。」丈夫說她慢，她大大方方地承認就好了。慢不可恥，慢是辛苦帶孩子的母親專屬的權利。你的慢的確有原因，但如果你覺得慢是件好事，即使別人覺得這很糟糕，你也不會生氣了。即使你覺得對方是錯的，你知道自己並不是慢的人，他說他的，又有什麼關係呢？你為什麼如此排斥他這麼說你？

更常見的是關於「狐狸精」這個人格。當你指責一個人「狐狸精」、「不要臉」，你很不喜歡她身上的這部分人格。那麼對方會生氣嗎？你會發現，只要她能接納這部分的自己，她就會說：「是嘛，現在我都不如從前了呢。以前人家都叫我『小狐狸精』。」

還有位同學說：「在工作中，我們的考核是以團隊為單位，彼此的錯誤是互相影響的。有個同事經常會指出我的錯誤。有時他指出來的，我認為是對的，我雖然很不開心但也忍了，會去改正。但有時他指出來可有可無、不影響結果的事，就讓我很憤怒。」

對於這位同學來說，他的陰影人格就是「犯錯」，他無法接受犯錯的自己。所以同事指出他的錯誤時，他就非常敏感，非常努力想制止同事表達。假如他能夠接受自己也會犯錯這一點，就可以大方地向同事承認：「對啊，我這個地方確實做錯了，謝謝你提醒我。」或者是：「我這個地方雖然做錯了，但是我覺得我並不需要改正。」

人的潛意識會認為：如果我阻止別人嫌棄我的某部分，我的這部分問題就不存在了。這其實是一種掩耳盜鈴的行為。活在這個世界上，我們會遭遇各種各樣的評價。我們不接納自己的某個部分，就總是想用憤怒去阻止別人說出來。而你阻止別人的過程，其實已經在大量消耗你的能量了。

能夠自我接納的人，內心是強大的。他不排斥你說他是什麼樣的人，因為他不討厭自己的任何面相。他覺得你說得對，就大大方方承認；他覺得你說得不對，也不需要跟你辯解，因為他尊重你對他的看法。

有些人很玻璃心、很敏感，這樣的人實際上就是陰影人格過多，想阻止的過多，所以他們就很易怒，也易受傷。

你要成為我的工具，來幫助我

對別人憤怒，還可以強迫別人，讓他跟我做一樣的事。這樣我既不用面對糟糕的自己，也不用累著自己。

比如說，一位媽媽已經沒有多餘的精力再管孩子；可是不管孩子，她又認為自己是個不負責任的壞媽媽，會覺得自己的角色形象破滅了。她應該怎麼辦？

在這裡，有兩個辦法可以解決這個問題：

● **對孩子憤怒。讓孩子自覺地管好自己，這樣你就還是那個能管好孩子的好媽媽，也不用自己累著。**

● **對先生憤怒。讓老公去管好孩子，這樣也不用面對自己是個不管孩子的壞媽媽，也不用操心累著自己了。**

讓他們去做我想做的事，我就可以省力地維持住自己的形象。

有位同學說：「我父親住院，晚上我得在醫院陪。交代老公要帶好孩子，結果老公把孩子接回家，就不管了，自己出去吃飯應酬。這讓我很憤怒，我覺得他特別自私、特別不負責任。」

對這位同學來說，晚上如果不去醫院陪病，自己就違反了門規，成了一個自私和不負責任的人。如果讓孩子自己在家，家長就也是自私、不負責的人。那麼，這個矛盾該怎麼解決呢？

她眉頭一皺，計從心來，她的潛意識告訴她：「如果老公不自私，他就會去管孩子；如果他去管孩子，孩子就有人管了。如此，我就不用親自去管，就有時間安心去陪父親；同時，我也不必面對孩子沒人管的內疚了。」但丈夫不是「無私門」和「責任派」的呀，他完全能夠接受孩子一個人在家，自己不負責任、自私地去喝酒，因為他不需要遵守這個門規。那麼沒關係，你可以對他憤怒：「跪下！趕緊拜師入門！我派第一條門規就是：人是不能自私的！你聽見沒有！」

因此，憤怒的本質也是在說：「我一個人維護形象，很累的。我已經沒有能力去做了，但我還必須去做。所以你必須遵照我的要求，去做跟我一樣的事，這樣你就是在替我分擔，我一個人就沒那麼累了。」

憤怒在說：「快幫我！把結果做好，快來顧好我的形象！」

透過我對你的憤怒，我會給你一種壓力，強迫你去做我想要做的事。這時你就可以成為我的一部分，成為我的手臂、我的工具，代替我去做我想做的事，實現我的願望。

憤怒，其實就是把對方當成了工具。眼前的人，即使是你的親人，也會成為你維護形象的工具。畢竟，天大地大，形象最大。在形象面前，就算你是我的伴侶、孩子或父母，那也不算什麼。

人這個物種，和其他動物、甚至植物的自然屬性是一樣的，那就是盡可能侵占更多的資源，實現自己的願望，滿足自己的需求。這就是我們為什麼不能允許對方有自我，因為對方如果有自我，就相當於有了別的信仰，你們的門規一旦有衝突，對方就不會幫助你了。

聽起來有點現實，但也符合人的生存本能：先讓自己好起來，才能讓別人好起來。先維持住潛意識希望自己維持的形象，才有可能去為別人做點什麼。

迴避陰影的三個代價

因此，憤怒時，你的要求其實有很多：

- 你要接受我罵你、打你，讓我能發洩情緒，好受一點。
- 你要及時閉嘴，不要說我是個糟糕的人。
- 你要承認自己是個壞人，以襯托我是個好人。
- 你要跟我有一樣的自我要求，把我該做的事情做好，減輕我的負擔，讓我輕鬆展現好人形象。

這些都是迴避陰影人格、維持陽光形象的方法。所以我們不得不由衷地讚嘆人的偉大，可以運用憤怒，來實現這麼多的目的。

但一個人在排斥自己陰影人格的過程中，固然會體驗到「我展現了理想形象」的優越感，同時也會付出巨大的代價。

代價之一：挫敗

如果你要維持自己的陽光形象，就需要花費很多精力去推開自己的另一部分，就像你企圖用左手把右手扯下來一樣，每次你用盡了力氣，疼的只是你自己。

雖然你不喜歡你的陰影人格，但它卻是你身上的一部分。你排斥得越厲害，它反而貼著你越緊，最後，反倒會讓你反覆覺得自己很差，感到非常挫敗。

代價之二：喪失存在感

你對陰影面的排斥是一種分裂的防禦機制，也就是說你把半個自己給拋棄了，你就不完整了。我們知道，在生活中，如果只有陽光，沒有陰影，那麼在這個世界上，你將體會不到陽光帶來的意義，更無法被陽光感動，反而會體驗到越來越多的空虛。

代價之三：對關係的破壞

兩個人之間，總得有人去承擔陰暗面。如果你從來不去承擔，就會讓對方一直承擔。可是沒有人喜歡自己變得糟糕，時間久了，對方就想離開你了。

生活中，有些人看起來什麼都很好，非常積極、陽光、正能量。但這些人，你只想去欣賞，並不願意與他們深度交往。因為這些人在排斥自己糟糕、平凡、不如別人的陰影人格，他們從來不談論自己的煩惱和缺點，也不談論別人的優秀。與他們相處時，你會感覺到自己很糟糕，因為他們不願意去承擔自己的陰影，也就只能由你去承擔了。

如果你從來不承認自己有錯，就只能讓對方一直承認有錯。你從來不承認自己自私，就會逼著對方一直自私，兩個人都很無私，相處起來是很奇怪的。如果你一直覺得自己是個很上進的人，就會逼著對方承認他自己不夠上進，這樣下去，對方的感受就會很糟糕。

反思的機會

憤怒是一個機會。透過憤怒，你可以看見你不喜歡的自己。找到它，然後問問自己：

- **你這麼不喜歡你自己嗎？**
- **你的陰影人格，真的那麼不堪嗎？**

電影《陽光普照》中，主角有兩個兒子，一個很乖、很優秀，一個很壞、很叛逆。每當別人問他：「你有幾個兒子？」主角都回答只有一個兒子。這個優秀的兒子一直得到他的寵愛，而那個叛逆的兒子一直在被他隱藏。這兩個兒子就代表了主角的陽光人格和陰影人格。他不接納自己叛逆的部分，所以也不接納他叛逆的兒子。

但這樣差異化對待的代價是巨大的：優秀的兒子，因為叛逆的人格一直被壓抑著，最終因為憂鬱而自殺了，非常安靜地自殺了，沒有給任何人添麻煩，離去時依然乖巧、順從。而叛逆的兒子，也因為一直不被看見，成了罪犯，鋃鐺入獄。

兩個兒子都有不被接納的一面，被壓抑的那一面就會野蠻地生長，最終吞噬掉陽光的一面。這就是父親不接納自己、繼而不接納兒子的代價。

你可以問問自己：

- **為了掩蓋、迴避你的陰影人格，你付出了什麼代價？**
- **看起來很好的你，真的過得開心嗎？**
- **這是你想要的嗎？**

當你開始接納自己的陰影人格，接受你人生真實且重要的那部分時，你就學會了心疼自己。

【思考與表達】

寫下你的一次憤怒經歷。是對誰產生的憤怒？發生了什麼？或者直接使用前面的憤怒案例。

1找到這次憤怒中，你對他人貼的標籤。生成這樣的句子，並大聲朗讀，體驗一下你有什麼樣的感受：

・我不喜歡＿＿＿的你！不能接納＿＿＿的你！你必須努力，讓自己看起來不＿＿＿！
我也不喜歡＿＿＿的自己！我不能接納我＿＿＿！我這麼努力，就是不讓自己看起來＿＿＿！

2你在生活中，是怎麼排斥自己這部分的呢？你用過哪些方法自我要求，又是如何不讓別人表達或嫌棄別人的？你有過這樣的經歷嗎？是怎麼使用某些方法的？

3排斥這些陰影人格，你都付出了哪些代價？

4對此，你有什麼樣的感受？

與自己和解

比起變好，「輕鬆、快樂」也很重要

「做得好」更重要？還是「輕鬆」更重要？

陰影人格，就是不好的自己。人人都渴望變好，沒人喜歡不好的自己。但是變好的過程，卻又無比辛苦。有趣的是，即使辛苦，人們也會孜孜不倦地要求自己變得更好，要求別人也變得更好。可是，你有沒有問過自己：「變好，真的那麼重要嗎？比輕鬆和快樂更重要嗎？」

有句經典的「雞湯文」是這樣說的：不愛你的人，會關心你飛得高不高；愛你的人，卻會關心你飛得累不累。從這個角度來說，你是愛自己的嗎？你每天在忙著飛得更高時，會關心自己飛得累不累嗎？

有位媽媽說：「孩子說他再玩十分鐘手遊就會停止，結果又多玩了一個小時。我覺得他得寸

進尺，不懂得克制。這讓我很生氣。」**在這位媽媽的憤怒背後，除了對孩子的要求外，首先有對自己的要求：我要做個好媽媽。**

其實解決此憤怒，有兩個很簡單的方法：

方法一，讓孩子一直玩，你就不會憤怒了。可是這位媽媽不能那麼做，因為她要阻止孩子繼續玩，不然她認為孩子會荒廢學業，她還要做一個能把孩子教育好的媽媽。

方法二，想管教也沒有問題，把手機奪過來就好了。這是最快讓他停止玩手遊的方式，這樣就算孩子憤怒了，你也不會憤怒。但她又不能這麼做，因為她認為教育方式不能太激烈，不然會傷害到孩子，自己也不是好媽媽了。

所以這位媽媽的希望，是能夠成為一位教育好孩子、且不傷害孩子的好媽媽。然而，這個目標超出她的實際能力，讓她覺得很累。但是她雖然累了，卻還在堅持，又非常辛苦，就只能幻想著孩子能懂得克制、配合好自己，彼此都成為更好的人。

很顯然，這位媽媽在努力做一個好媽媽，而且非常努力。但我卻很想問問這位媽媽：「**『不讓自己這麼累』**和**『做個好媽媽』**之間，哪個更重要？讓自己舒服一點，難道就這麼不重要嗎？」

這樣的問題，我其實問過很多人，絕大多數媽媽的回答是：「真的不重要。」她們認為至少與孩子的未來、對孩子帶來的傷害及自己是個好媽媽的角色設定比起來，自己的舒服真的不重要。而且她們的理由也很充分：父母之所以為父母，就是應該對孩子負有責任。

在責任面前，他們通常會放棄自己的舒適。

「角色」更重要？還是「自己」更重要？

責任固然重要，父母之所以為父母，理應對孩子負有責任，這無可厚非。但我想說的是：你不僅是父母，還是你自己。父母的責任是無限的，而人的能力卻是有限的。那麼，有限的能力和無限的責任之間，你想怎麼平衡呢？

能力和責任之間的衝突，本質上說就是「自己」和「角色」之間的衝突。直白一點：

● 你是想先成為父母，還是想先成為你自己？

● 父母這個角色和你自己，哪個更重要？

為了責任而犧牲愉悅的人，是習慣了把自己放在角色後面。

擴展開來就是：你不僅是父母，還是公司的員工或老闆，還是父母的兒女，這些都需要你負責任。那你是想先扮演好這些角色？還是想先照顧好自己？如果你不懂得照顧自己，那麼你是想先扮演好哪個角色呢？

若你想每個角色都認真出演，你要知道，這是需要消耗你很多精力的工作，會讓你非常累。這樣，你自己的感受會放在更靠後的位置，並且會越來越累。而即使你很累也不能在乎自己，也要優先扮演好這些角色，直到你開始抗拒、拖延、想放棄、想逃離。可見，其實這並不是一

個可持續的方法。

你需要重新去思考：我真的要把自己放到角色後面嗎？扮演好這些角色，對我來說，真的比「自己」更加重要嗎？

「我」不重要，「事情」更重要？

客觀上來說，其實要先照顧好自己，才能扮演好角色。

你想做個好媽媽，就必須先照顧好自己的感受，在能夠保證自己能量的基礎上，你才有可能成為一個相對好的媽媽。如果你一直在努力把媽媽的角色先扮演好，很快就會透支自己，成為一個憤怒的媽媽。但先照顧自己很難，這意味著有時在某些部分，你不能成為一個好媽媽；你會在照顧自己時，相對地不那麼照顧孩子。但你要知道，即使如此，也並不會產生什麼不好的後果。你這次放縱孩子去玩，也不會很糟，因為不代表你每次都會如此。

你這次放縱孩子玩手遊，孩子也不會怎樣。當你狀態好了，再跟他鬥智、鬥勇或者耐心教導，也可以帶他去遊樂場，這些都不會對孩子造成傷害。你這次把手機奪過來，他心理上可能有點小小受傷，但當你狀態好時，給他的愛又足以修復這點小傷害，因而也不會對他形成什麼樣的創傷。

重視自己的感受，不代表結果一定會更糟糕。

人之所以不能把自己的感受放在事情前面、不敢把自己放到角色前面，表面上是因為擔心自己不夠好，實際上這只是一個藉口。真正的原因是，潛意識裡有一個「限制」在作祟：我是不重要的，事情才是重要的。我是不重要的，角色才是重要的。

「我不重要」的聲音，深深地印在很多人的內心深處。正如，他們從小到大的經驗：沒有人在意你累不累，只有人關心你做得對不對。當你和別的孩子搶玩具時，媽媽不會問你是不是很喜歡這個玩具，媽媽只會指責你。當你考試沒有考好時，媽媽不會問你有沒有很難過，卻只會責備你怎麼這麼笨。

從小到大，沒有人在乎過你，你也學會了不在乎自己。如此，一個人就習慣了忽略自己的感受，只記得關注事情能不能做好。

有結果才配快樂嗎？

我並不反對人放棄變好。變好固然重要，但自己的輕鬆、快樂，同樣也很重要。我鼓勵人在「力所能及」的情況下變好，而不是一定要變好。我鼓勵人在「照顧好自己的感受」的基礎上變好，而非犧牲感受去變好。

很多時候，我們都認為輕鬆、快樂，是把事情做好後才能體會的心情。

有所成就了開心，被人誇獎了也開心。事情做完就輕鬆了，賺到錢就輕鬆了……我們總是企圖先去犧牲自己一時的感受，去換未來的享受。這時，其實就是先把輕鬆、快樂放到第二位，我們依然不敢光明正大地去追求輕鬆和快樂。彷彿只有功成名就，才敢慶祝。可是，**讓自己快樂，真的需要滿足這麼多的條件才配擁有嗎？**

把感受放在第一位，就是單純地把快樂、輕鬆當成一個目的，而非事情做好後的附加價值。它可以變成一個主要的目的，而非一直作為贈品存在。

你可以把輕鬆、快樂放在首位，為了實現輕鬆、快樂而去做某些事。也許這些事情做了之後，會讓你顯得不夠好，也可能會激起你陰影人格的部分，讓別人覺得你很糟糕、甚至可能指責你。但這都是次要的，比起你是什麼樣的人、別人如何看待你，你更想去為自己的輕鬆、快樂做點什麼，才更重要。**當你能夠為自己的輕鬆、快樂去做點事時，你會發現，你的生命力會被激發、變得更加有自信和陽光、內在儲存的能量越來越多，同時，對他人的包容力也越來越強，也就越來越不容易憤怒。**

讓自己輕鬆、快樂的五個方法

方法一：有時放棄

讓自己輕鬆的重要方式之一，就是時而放棄。時而放棄自己的某部分形象，允許自己有陰影出現，允許自己有時就是一個不負責任、任性的媽媽，有時就是一個墮落的、不求上進的青年，有時就是一個自私、愛計較的小市民。

這些都是你的一部分，也同樣重要。而且在接納自己就是這樣的人之後，其實是會感到輕鬆、甚至快樂的。

方法二：求助

遇到困難時，如果善於向身邊的人尋求幫助，你會得到很多支援，你的能量池就會瞬間被擴大很多。

如果你放不下對孩子的責任心，也要知道你的求助對象不僅僅有孩子的父親。雖然孩子的父親是最應該幫助你的，卻不見得是最能夠幫助到你的。你可以去求助孩子的同學，他們可能會更知道如何幫助你與孩子相處。你也可以求助於孩子喜歡的人，他們也會幫你更好地改變孩子。甚至可以求助於孩子本人，告訴他：「媽媽很想做個有責任心的好媽媽，看你玩電動時，媽媽真的很焦慮。你可以幫幫媽媽嗎？」

但是，「求助」對許多人來說是困難的。因為求助會激起他們很多的陰影人格：無能的、虧欠別人的、給別人添麻煩的、矯情的等等。他們為了維持自己的陽光面，就會放棄求助。

方法三：休息

包括充足的睡眠、累的時候及時放鬆、經常出去旅遊等方式。人體有自動修復功能，當你不去消耗它時，它就透過一些方式自動把能量充滿，這就叫做「心理復原力」。

但是，休息是許多人不太敢做的事情。這也會激起他們的很多陰影人格：不上進、放縱、浪

費時間、自私、不負責任、懶惰等等。而不知疲倦地做事情，則會讓他們感覺心裡踏實得多。

方法四：做感興趣的事

安心做你喜歡的事，有助於恢復能量。「興趣」的意思，就是你喜歡某件事本身，而非結果。有好結果固然很好，但沒有好的結果也可以讓人很開心。

就像打電動，我們當然想闖關，但只是為了闖關而玩電動，這件事就失去它本身的樂趣。有些人喜歡練字，這本身就是一件很快樂的事，但在練的過程中如果太在意結果，反而變成一種消耗。很多人的興趣都是一些看起來很不務正業的事，他們並不會因為做這些事沒有結果就不去做。如果沒有好的結果就不去做，這其實也是不敢面對自己興趣的表現。

興趣之所以可以讓人變得放鬆，是因為人會陶醉在這件事裡，那一刻就活在了當下，找到了生命的意義。當你在做自己感興趣的事時，如果你過於在意結果，你就活在了未來，而你的身體卻仍在當下，那麼，你就會再次焦慮，也正是這樣的「不一致」在消耗著你。

方法五：參與「滋養型」社交

社交分為「滋養型」和「消耗型」。「滋養型社交」就是可以讓你感覺到輕鬆、愉快的社交，是補充你能量的社交。而「消耗型社交」，只是為了某個目的不得不為，消耗你能量的社交。

有些人覺得，我沒有愛的人、也沒有愛我的人，雖然我有伴侶、有朋友，但我無法擁有愛。對很多人來說，其實他們不是沒有愛，而是不願意花時間去感受愛。如果你去尋找，就能感受到太陽在愛你、小草在愛你，陌生人也在愛你。只要你願意停下來，敞開心扉去接受，就能感受到來自很多方面的愛。你也可以問問自己：「我多久沒有停下來感受一下這個世界了呢？」

讓自己敢於輕鬆、敢於快樂，就是治療一切憤怒的良藥。如果能夠讓自己輕鬆和快樂，陰影多一點又何妨？

【思考與表達】

寫下你的一次憤怒經歷。是對誰產生的憤怒？發生了什麼？或者直接使用前面的憤怒案例。

1在這次憤怒中，你對自己的要求是什麼？你是如何感到心累的？

2放下這種累，如果把輕鬆、快樂放在第一位，你想怎麼做？

3平時你有單純地把快樂當作目標做過某些事嗎？如果有，是什麼？如果沒有，你想做什麼？

4你如何看待自己的輕鬆、快樂？你重視過這一部分嗎？怎麼重視的？

重新定義你自己

打破內在規則

貼標籤，為自我定義

自我要求的目的，是為了擺脫陰影人格。擺脫陰影人格的目的，是為了維持良好的形象。我們花了好大力氣，才讓自己看起來沒那麼糟糕。但人又會用一個有趣的動力馬上把自己打回原形——自我定義，也叫做「對自己貼標籤」。

人會很輕易地對自己貼一個負面的標籤，把自己拉回陰影人格裡去。

比如，一位同學這樣說：「今晚因為公司有事，我加班回家晚了，沒能幫孩子做晚飯，讓孩子自己煮了泡麵，這讓我覺得非常自責。」我問她：「當你自責時，你是怎麼評價自己的？」她回答說：「我覺得我是一個不負責任的媽媽。」

我們看到，一方面，她在透過自我要求、自我嫌棄，努力去成為一個負責任的好媽媽；但另一方面，她又輕易地給自己下了一個定義，覺得自己是個不負責任的壞媽媽。她不僅糾結，還對自己非常苛刻，連加班沒來得及幫孩子做晚飯這種不得已的事情，都被拉高到了「不負責任」的程度。

類似的事情還有：「我今天一整天都在玩，沒有念書，這讓我感覺很糟糕。哪怕我已經認真讀書好幾天，但這些都不能算數，我還是會對自己貼上『不上進』、『墮落』的標籤來定義自己。」

人給自己下定義時，也會遵循「以點及面」、「非黑即白」的邏輯。只要我一個點沒做好，就覺得自己是個糟糕的人；我有一分沒做到，我就給自己判零分。如此，我們便可以看到這樣的人過得有多累了。

一個人如何輕易地對自己貼標籤，他也會同樣輕易地對別人貼標籤。

在「想像」中，已經完成了自我定義

對自己貼標籤，不一定是我們做了什麼事。有些事，我們在自己的想像中先完成了自我定義，於是就不敢去做。

一位同學說：「中午去餐廳吃飯的路上，碰到主管。我主動向主管打招呼，但是他沒有回應，總感覺他迴避與我的眼神交會，故意躲開我。這讓我覺得有些失落，覺得這位主管怎麼這麼驕傲，他是不是看不起我。」

這件事看起來是這位同學對他人的憤怒，但實際上沒有這麼簡單。這位同學對主管貼了「驕

傲」的標籤，反推過來我們就知道，他平時讓自己「切勿驕傲」。

我問他：「中午去餐廳吃個飯而已，看見了主管，你也可以假裝沒看見，為什麼一定要主動跟主管打招呼呢？」他說：「那也顯得我太驕傲了吧。見到主管居然都不打招呼，他會怎麼想我？」

在這位同學的頭腦中，一旦他不主動向主管打招呼，就馬上先對自己貼一個「驕傲」的標籤。也就是說，他很容易覺得自己是個驕傲的人，一旦有地方沒做到位，他就會這麼定義自己。而他為了迴避自己「驕傲」的這個陰影人格，就要求自己必須去做一些類似於主動打招呼這種，顯得自己不驕傲的事。

我有個朋友就是這樣，別人給他添麻煩，他會很憤怒。他首先是對自己有一個「不給別人添麻煩」的要求。我問他：「給別人添麻煩，對你來說意味著什麼？你怎麼評價這樣的自己呢？」

他說：「那我就是一個令人討厭的人了。」在他的想像中，一旦自己做了麻煩別人的事，他馬上就對自己貼一個「令人討厭」的標籤。然後他就開始了艱難的自我要求、要維持「讓人喜歡」的形象。

你也可以這樣問問自己，來找一找你為自己下了什麼樣的定義：「我一旦做了某事，意味著我是一個什麼樣的人？我怎麼定義這樣的自己呢？」

重新自我定義

想要接納自己，有一個基本的方法：如果你不覺得自己是這樣的人，也就不用排斥這樣的自己了，更不用去要求自己。

你需要「重新自我定義」。你要知道，你的某個行為，除了代表你是A這樣的人，還可以代表你是B、C、D、E那樣的人。

一位同學說：「我父母總是想要我按照他們的想法去做事。晚上如果沒有準時到家，他們就會打催促電話來質問。這讓我覺得很煩，感覺自己沒有受到尊重。」

他對父母的行為，貼了一個「不尊重我」的標籤。我跟他說：「這件事很簡單，父母打電話質問你，你掛掉電話就可以了，也不用告訴他們你在哪，這樣他們就沒辦法控制你了。他們總不能順著電話線過來把你揪回家吧。」

然而這位同學卻說：「這樣不太好吧。這也太不考慮父母的感受了，這樣會傷害他們的。」

這位同學其實是在說：「這太不尊重父母了。」

因此，對於這位同學來說，一旦他做出掛斷父母電話的行為，就會馬上對自己貼上「不尊重父母」的標籤。為了迴避「不尊重父母」的陰影人格，他選擇了即便不願意，也要接父母的電話。

其實，假如他做出掛斷父母電話的行為，他還可以怎麼定義自己呢？他可以這樣認為：

- **我是個有界限的人。在父母干涉我的生活時，我可以果斷拒絕。**
- **我是個懂得照顧自己的人。在父母讓我不舒服時，我選擇以自己的感受為優先。**
- **我是個相信父母的人。雖然我掛斷電話，他們會難受，但我相信他們完全能自己消化。**
- **……**

一旦他開始這樣重新定義自己，就不需要再努力維持「尊重父母」的形象。當他再遇到不得不掛斷父母電話的情況時，就沒有太大的壓力，也不會因為父母打電話來催促而憤怒。

用「做到」的部分，來定義自己

另外一種自我定義的方式，就是用「做到」的部分來定義自己，而非用沒做到的部分。

比如說，前面一位同學講到：「孩子很黏我，我想出去時，他哭鬧著不讓我去。我就很抓狂，覺得自己一點都不被理解、一點都不自由。」

這位同學對孩子的任性很憤怒。我們分析了，是因為這位同學不接納任性的自己。她如果把孩子撇下，自己出去，就馬上給自己貼上「任性」的標籤。

對這位同學來說，她能忍的時候就留下來陪孩子，這時她是一個不任性的人。不想忍、也無法忍的時候，她就是一個任性的人。這樣看，她有時任性、有時不任性，那麼，她到底是任性的人？還是不任性的人呢？該如何定義她？

你可以先來感受一下，這兩種表達方式有什麼不同：

- **我是一個負責任的媽媽，我只是有時候做出一些任性的行為。**
- **我是一個任性的媽媽，只是有時候做出負責任的行為。**

選擇第一種自我定義的方式，你會發現，你原諒自己容易多了。每個人都會做到A的一部分，也會做到-A的一部分。就像半杯水一樣，你看到的是半杯空、還是半杯滿，決定了你有什麼樣的心情。

你可以思考一下：自己為什麼習慣用負面的那個部分去定義自己，而不是正面？

【思考與表達】

寫下你的一次憤怒經歷。是對誰產生的憤怒？發生了什麼？或者直接使用前面的憤怒案例。

1這次憤怒中，你給對方貼的標籤是什麼？

2你做過什麼或去做什麼的時候，會覺得自己也是這樣的人？

3你還可以怎樣自我定義？

4 情感連結：

因為我不開心，你也要像我一樣不開心

憤怒是一種「嫉妒」

你的愉悅度，不能超越我

憤怒是一種「情緒控制」

當你憤怒時，對方做什麼，可以讓你的憤怒程度降低？

當你憤怒時，你以為你是想改變對方的行為。你總覺得，當對方在行為上改變了，你就不會憤怒了。所以這個時候，你試圖用憤怒去控制他的行為。但實際上，並不是這樣。因為很多時候，對方的行為即使改變了，你還是會憤怒。

比如說，你在廚房準備著一頓很複雜的大餐，想宴請朋友。這時，如果先生在客廳只顧著看電視，你就會很憤怒，會責怪他為什麼不幫忙拖地。恰好，他今天的心情挺好的，就說：「好吧，為了避免你生氣，我就把地拖了吧。」然後他就去拖地了。他確實聽了你的話，在行為上做出了改變。但是你會消氣嗎？我想，通常是不會的。你可能會告訴他：「什麼叫為了我拖地啊?!地不是你應該拖的嗎?!」

這個時候，其實你不僅僅是想改變他的行為，你更想改變他的思想，想告訴他正確的價值觀應該是「家務是你的責任」，並且要求他改變價值觀——而這時的你，就是在控制他的思想。

假設你成功了，他改變了思想，認為家務是自己的責任。你在廚房準備宴會飯菜，他很自覺地去拖了地。不過，他今天的心情出奇地好，效率也出奇地高，一分鐘就把地拖完，甚至又花了一分鐘把桌子收拾好並擦乾淨。然後，就又去看電視了。

現在他的行為改變了、思想也改變了，只不過他做得比較輕鬆，而你卻還在廚房忙東忙西。這時你對他滿意嗎？你可能還是會覺得有點不愉快。看到他閒下來，又開始覺得他很沒自覺，不知道自己找事情做，不知道體諒你的辛苦。只有當他像你一樣忙碌、勞累與感到挫敗時，你才會心滿意足地收起你的憤怒——這時你想改變的，其實是他的情緒。

一個人在憤怒時，想要的不僅是對他人在行為和思想上的控制，更想要的是情緒上的控制，你想要他和你一樣低能量。也就是說，**一個人在憤怒時，是不允許對方比自己更愉悅的。**

「見不得別人開心症候群」

類似的事情還有：有一天，你特別心煩地回到家，卻看到孩子在看電視，而且他不僅在看電視，還發出沒良心的笑聲。這時你會是什麼樣的心情呢？你會沒好氣地責問他：「作業寫了嗎？」如果他一臉得意地說：「早就寫完了！」這時你又是什麼心情呢？你會稱讚他真自動、真

乖、真棒嗎？不，你不會。你只會繼續責問他：「鋼琴練了嗎？」他如果說練了，你還會再次轉移話題：「地板這麼髒，怎麼就不知道拖一下！大人每天在外面這麼忙、這麼累，你就不能自動找事情做嗎？」

直到他也不開心地關了電視，主動去找事情忙，你才滿意。這裡的重點是：他得不開心。如果他非常歡樂地吹著口哨、哼著歌主動找事情忙，這也並不能抵消你現在心煩帶來的怒火。

這樣就很好理解了：在做家事的人見不得看電視的人，是因為看電視的人愉悅度太高，而做家事的人正在「受苦受難」。這時做家事的人就要開始數落對方，直到看電視的人不敢再愉悅。

這就好像是辛苦的家長見不得孩子玩。因為孩子在玩的時候，心情愉悅，而辛苦的家長在忙碌，正感到挫敗和焦慮。這時，家長們就要給予孩子一些打擊，直到孩子不再坦然、心安地玩耍。

如果別人過得比你好、並且在你面前展露得意時，你會很不舒服，並找理由貶低他：有什麼了不起的！有什麼好得意的！

這個過程，就叫做「嫉妒」。

行為層面的嫉妒，就是我們見不得別人某些方面比我好，這時就想做點小動作、搞搞小破壞、給點小詛咒，祝福他過得越來越差，最好能出點小意外。

情感層面的嫉妒，則是我們見不得別人情緒比我們愉悅。這時就想做點指責、來點憤怒、給點看不慣，把他們的愉悅感降下來，讓他們跟我們一樣不開心。

我用一個詞來命名這個過程：「見不得別人開心症候群」。

心理平衡

見不得別人開心，是一種非常常見的現象。見不得同事、鄰居、朋友開心，這很好理解，畢竟你可能在與他們競爭，是敵對的關係，希望他們比你過得差一點。但實際上，親密的人之間更是如此，你的伴侶、孩子、好朋友、父母，你也會見不得他們開心。

憤怒是一種能量比較低的狀態。憤怒的意思是：本寶寶現在不開心！然後我把憤怒告訴你，就是想表達：你現在也不能開心！

哪怕這個人是我們最親近、最愛的人，也要遵守這個規律。理性上，我們是希望自己親近的人能夠健康、幸福、開心、快樂、輕鬆和愉快的。但**人在憤怒時，並不是理智的，他們只希望對方不開心。**

這聽起來比較邪惡，人會難以接納這樣的自己，潛意識就要用一種叫做「合理化」的防禦機制來進行偽裝：「我這都是為了你好啊！」

所以，當你自己過得不開心時，意識層面上，你希望對方過得好；但在潛意識層面上，其實你是希望他不開心的。在潛意識中，你讓對方不開心的目的，就是為了達到心理平衡：因為我是這樣的，所以你也應該是這樣的。

你可以接受一個人現在沒有錢，但你會要求他上進，要求他持續經歷吃苦、受累、焦慮、忙碌，反覆去體驗這種「我還不夠好」的感覺，直到跟你一樣。如果他變得很有錢、卻不再上進，你就又開始傳播你的焦慮，告訴他「你這是坐吃山空，遲早有一天會完蛋的」，直到他也焦慮到和你一樣的狀態，你才滿意。

你可以接受一個孩子不聰明，但你會要求他態度認真，要求他持續經歷那種受挫不放棄的自我強迫，不想做也得去做的委屈，你要的是他跟你一樣的自我虐待精神。如果他如天才般聰明，又輕易地完成了作業，然後開始沉迷於手遊，你還是會有很多不高興。

當你憤怒時，別人做了什麼並不重要，重要的是他體驗到什麼情緒，他是否開心。只有當他像你一樣不開心時，你的心理才會平衡。你就體會到：**這樣就不是只有我一個人這麼慘了。**

壓抑

以憤怒打擊對方時，他的情緒只能降至跟你一樣的壓抑，但不能降至可憐、委屈、嚇壞了的方向去。如果他坦然地表現出可憐、委屈、屈服的樣子，你還是會生氣。因為坦然地委屈、可憐，本來就是件很愉悅的事啊！想想看，你受了這麼多累、這麼多委屈都還沒有表現出來，他怎麼能先表現出來呢?!即使他感覺到委屈，也得按捺住啊，按捺到一種很壓抑的狀態才行！

情緒的愉悅度，不等於開心，而在於「是否順暢」。一個人的情緒越是坦然，就越是能夠流動，他情緒的愉悅度就會越高；反之，他的情緒越是不能談論、不能處理、不能表達，愉悅度就越低。

即使一個人呈現出焦慮、委屈、傷心、自卑等負面情緒，但只要他坦然面對自己的情緒，承認、談論並表達自己的情緒，那也是一件身心愉悅的事。當你能夠坦然地憤怒時，你也會發現，憤怒使人有一種愉悅感。

所以，其實你憤怒的時候，向對方的要求是：你的情緒要壓抑住！不能放肆地開心，不能放肆地傷心，不能坦然地有情緒！

此時此刻，我不開心，所以你也不能開心。

【思考與表達】

寫下你的一次憤怒經歷。是對誰產生的憤怒？發生了什麼？或者直接使用前面的憤怒案例。

1找出當你憤怒的那一刻導致你不開心的原因，除了讓你憤怒的這件事，還有什麼別的原因？

2此刻，對方正在做的事是怎麼讓他感覺到愉悅的？

3感受一下此刻你們兩個心情的差異。你有什麼看法？

4試著想像你在這次憤怒中，對著對方讀出以下的句子，會有什麼樣的感覺：

・我現在不開心，你憑什麼在享受！你也不能開心！

・我的內心很壓抑，你也必須壓抑！你不能一個人那麼愉快！這樣，我才能心理平衡！

憤怒是一種「偽裝」

憤怒看起來強大，背後是受傷的自己

憤怒背後的其他情緒

憤怒是一種不開心，但憤怒並不是單一的不開心。憤怒背後，其實還掩蓋著挫敗、委屈、無助、恐懼、孤獨、焦慮等諸多情緒。

比如說，有天你特別心煩地回到家，卻看到孩子在若無其事地看電視，不僅看電視，而且還發出陣陣歡樂的大笑聲。這時候的你，第一反應就是憤怒：「你怎麼又在看電視！」但如果你仔細觀察一下自己當時的感受：憤怒之下，你還有什麼別的情緒？

你可能感到特別挫敗。覺得自己在公司工作也做不好、回家孩子也管不好，會一下子激起自己「什麼都不好」的感覺；進而又想到自己的人生是如何失敗，瞬間覺得整個人的壓力特別大，怎麼到處都不如意。而你一時無法消化這種挫敗，甚至無法告訴別人，自己其實感受到特別強的挫敗感，這時，你就以憤怒的方式表達出來。

你也可能覺得自己特別淒涼。在公司裡，人人冷漠，充滿競爭，沒有人在意你的死活。可是回到家後，老公也不太關心自己，孩子只顧著看電視，眼睛也不抬一下，在這個家裡，自己就像是空氣一樣。這時候的你，被一種淒涼感侵襲，但自己又無法消化，你也會用憤怒表達出來。

你可能還覺得自己特別委屈。覺得自己在公司忙忙碌碌，賺不了很多錢，為了什麼？還不是為了能幫孩子多存點錢，希望他有一個好的未來。可是這個家裡有人理解嗎？這個不聽話的孩子，一點都不上進，天天就知道在家裡看電視，根本看不到、也不會體諒媽媽的辛苦。這時你的委屈無處訴說，你也會用憤怒來表達。

有的憤怒背後，是一種無助感。你看到家人不怎麼管孩子時，會有一種家庭責任全都落在自己身上的感覺。你無法承受這種無助感，就會很想發飆。

有的憤怒背後，是一種恐懼感。你看到公司的同事做事不夠認真、細心，你很憤怒，是因為你害怕受到他的拖累，整個部門的業績可能也會受到影響，進而你的收入也會被影響。

有的憤怒背後，是一種羞恥感。當別人嘲笑你胖、嘲笑你出身落魄、嘲笑你又土又醜，這讓你特別憤怒。在這種憤怒背後，是因為你覺得他們說對了，那的確是你的缺點，而且這個缺點讓你覺得無比羞恥。這就是所謂的惱羞成怒。

憤怒是一種攻擊性的情緒。處在憤怒中的人，看起來是很強大的。甚至有時表達憤怒的人自己也會這麼覺得，覺得自己太過分、太強勢，還擔心傷害到別人，特別自責。承受你憤怒的人更會這麼覺得，覺得你的憤怒是不對的，你的憤怒太傷人了。

但無論是憤怒者還是被憤怒者，都很少有人停下來，透過憤怒去關心一下情緒之外的事。其實對於憤怒者來說，有一個很重要的事實是：他受傷了。

憤怒背後包裹的，是受傷。只是憤怒者無法表達自己的「傷口」，甚至無法意識到自己的「傷口」，也不想讓別人知道，才會以憤怒去保護自己，企圖用憤怒制止刺激源繼續傷害自己。憤怒者之所以憤怒，是因為他的脆弱被激起了。

為什麼我們表達不出脆弱？

憤怒者就像是一隻刺蝟，渾身都是扎人的刺，但透過刺去觀察裡面，會發現都是非常柔軟的皮肉。憤怒就像是刺蝟的堅硬外殼，企圖保護內在這個脆弱的、受傷的自己。

憤怒是一種保護性的情緒。在它的背後，其實是：

- **委屈的自己。**
- **受傷的自己。**
- **無助的自己。**
- **可憐的自己。**
- **害怕的自己。**
- **孤獨的自己。**

●壓抑的自己。

那憤怒者為什麼要隱藏自己的這些脆弱情緒呢？因為暴露脆弱，有幾個難點：

不會暴露

憤怒者的經驗一再告訴他們：「沒有人關心我，也不會有人關心我。所有人都忙著討論你該不該憤怒、憤怒對不對，或者這件事情應該這麼做、不應該那樣做……唯獨沒有人來關心我：此時此刻，我的感受是什麼，我的內在正在經歷著什麼。」

從小到大，也沒人教你脆弱是可以表達的。所以漸漸地，你也不想過多關心自己是否受傷。畢竟，你越是意識到自己的脆弱、越是發現它無法被關心，你就越會覺得這是一件令人難過的事。與其如此，自己也不再去觀察了。

脆弱羞恥感

暴露脆弱，會讓人感覺自己很軟弱、很需要別人的照顧。你對一個人說「你不理我，我覺得很傷心」和「你不理我，這讓我很憤怒」的感受，是完全不一樣的。前者會讓人覺得像洩了氣的氣球一樣。表達出來是需要勇氣的。

對於這些人來說，一旦我有脆弱的情緒，我就要擺出高姿態，來讓自己看起來很強大，以此掩飾我的脆弱。這就叫做「脆弱羞恥感」。

自我保護

如果你表達脆弱，其實還有可能遭到嘲諷和嫌棄。我有很多個案都學習過「一致性表達」、「非暴力溝通」之類的溝通方式，他們不加掩飾地告訴對方自己的脆弱，結果對方不僅不安撫他們的脆弱，還反過來嘲笑他們。對方會認為「你這麼難過，是你活該，還不是因為你自己太敏感」，這是讓人非常難過的經驗。或者每當你們有了衝突，對方乾脆拿你的脆弱來攻擊你。

「我不相信別人對我的真實樣子是感興趣的，也不相信別人能聽得懂、理解得了我。我更不相信別人聽了後，會安撫我，而不是傷害我。」

漸漸地，憤怒者自己也不太能接受自己的脆弱了。他們內心形成了一個規則：我是不能表現脆弱的。而後就陷入了一種惡性循環：你越是不表達，別人就越是看不見；別人越是看不見，你就越是不願表達……

練習表達你的脆弱

健康的處理脆弱的方式，首先是對自己的脆弱真誠。別人可以不知道你受傷了、可以不在乎你的「傷口」，但是你自己得在乎。

沒人願意主動透過你的憤怒去看到你的脆弱，但你自己要看到，然後再去做個決定：此刻，我做些什麼能讓自己好受一點。這就是**愛自己的真諦：比起誰對誰錯，你的感受更重要，你怎樣讓自己好受一點更重要。**

解決憤怒最好的方式就是去解決脆弱。而**解決脆弱最好的方法，就是「訴說」與「傾聽」。**

你講給別人聽，你的情緒就會流走。你告訴別人「其實我好委屈」，你的委屈就會減半。你告訴別人「我一直在付出，我真的好累」，你的疲累感就會減弱。你告訴別人「我覺得自己好差勁，好自卑」，你的價值感就會有所回升。

而且直接表達你的脆弱，會讓別人更容易理解你，進而有了安撫你的可能。當你表達憤怒的那一刻，其實你是很渴望被理解的。但憤怒是一種偽裝，別人的確很難透過你的憤怒，看到你內心隱藏的脆弱。因此，如果你真的渴望被理解，就要學會直接告訴別人你的脆弱。

但表達依然是有風險的。不過，我們可以控制這個風險。**有四種方式，可以防範表達脆弱的風險：**

第一：先創造一個可以讓你安全表達的環境

比如，你可以找一個合適的時間問對方：「我現在可以跟你說說我的感受嗎？」在確認對方願意瞭解你的內心之後，再去表達。

表達脆弱有時之所以會招致別人的攻擊，是因為別人正沉浸在他自己的世界裡，沒有多餘精力去關注你是否受傷。而你不分情況匆忙地向別人訴說，就有可能吃閉門羹。

第二：不要一下子推心置腹地暴露

你可以循序漸進、一點點地暴露自己的脆弱。

可以嘗試先說一個小脆弱，在對方願意給你關注的前提下，再一點點地深度暴露。

第三：給出你脆弱的原因

當你感到害怕或無助，得告訴對方為什麼你有這樣的感受。

不要幻想「我不說，你就能懂」、「這是常識，大家都曉得」。要知道，人與人真的很不一樣。如果你能把脆弱的原因仔細地講給對方聽，就可以增加你被理解的可能性。

第四：你也可以先去關心對方的脆弱

有時對方不願意安撫你，是因為他跟你一樣脆弱，他也有一個「我不能脆弱」的內在規則。他看不到自己的脆弱，也就沒有能力看到你的脆弱；他不允許自己脆弱，自然也就不會允許你脆弱了。

當你嘗試了這樣的表達，你就會發現：一旦開始關心對方的脆弱、表達自己的脆弱，你們之間的脆弱就開始流動了。**脆弱能夠在彼此之間流動，才能激發真正的情感。**這時你就發現，彼此真誠的心最重要，引起你憤怒的那件事，已經不再重要了。

關注別人的脆弱

如果你看到別人的憤怒，先不要急著做反應，而是嘗試透過他的憤怒，看看他經歷到什麼樣的脆弱。如果你有能力替他表達出這一部分的脆弱，那你就是一個非常厲害的情緒專家了。

「媽媽」是一個經常憤怒的群體，尤其是邁入老年的媽媽。很多媽媽意識不到自己的孩子已經長大、有自己的生活了。她們的孩子也很痛苦：一方面，他們有自己的想法，不想被媽媽擺布；另一方面，他們又不想讓媽媽傷心，不太想與媽媽發生衝突。這時，我會教他們如何安撫媽媽的憤怒：

> 媽媽，你辛苦了。雖然你在對我發火，但是我看到你對我的事情特別在乎和用心，讓你費心了。

媽媽們如果能聽到孩子這樣的回應，憤怒馬上就會有一定的緩解。因為你替憤怒的人表達出

了他們無法表達的脆弱，他們會感覺到自己被看見了。這時，他們就不太需要再以憤怒來保護內在那個受傷的自己。

【思考與表達】

寫下你的一次憤怒經歷。是對誰產生的憤怒？發生了什麼？或者直接使用前面的憤怒案例。

1 這次憤怒背後，還有哪些隱藏的感受？哪些是與你的脆弱相關的？嘗試寫下那些感受和原因。

2 你是怎麼處理自己這份脆弱的？

3 然後生成這樣的句子，並嘗試這樣的表達，體驗一下有什麼感受：

．我對你很生氣，同時我也感覺很________（**哪種脆弱**）。

．我一直在做的事情是________，這讓我感覺很________（**哪種脆弱**）。

4 你如何看待這個脆弱的自己？你想對它做什麼？

憤怒是一種「傳遞」
我想讓你感受我的脆弱

情緒的傳遞和轉移

憤怒是一種對別人的要求。在這個要求裡，包含著一個「好處」：你要跟我做一樣的事，你要有跟我一樣的自我要求，這樣你就能像我一樣不開心了。

一位同學說：「我對媽媽的控制感到很憤怒。她總是對我指指點點，告訴我該做這個、該做那個。」

媽媽控制你，侵犯了你的界限，聽起來的確不是一件好事。但是你知道媽媽在對你「指指點點」時，有多愉悅嗎？在那一刻，她做了一回皇帝，彷彿自己就是世界的主人。她飛舞的表情、豐富的言語都在告訴你，控制別人的滋味簡直美極了。

而你呢？你在被控制時，又是什麼樣的感覺呢？你會感受到那種有話說不出、自由意志被捆

綁的委屈，有種一直被別人堵著的委屈感。

讓你有這種委屈感的外在原因是媽媽的控制。那自身的原因呢？就是你對自己的要求：要尊重媽媽、照顧媽媽的感受，不能頂撞媽媽，不要對她造成傷害。是你的「要求自己克制」讓你委屈了。這種委屈無法表達，就變成憤怒，並轉向媽媽：

你不能控制我！

你也要克制你自己！

像我一樣克制自己！

（這樣你就能像我一樣感受到委屈了！）

直到媽媽被悶到想說又不能說，你才滿意。這時你所體驗到的委屈感，就回到了媽媽身上。因此，憤怒是一種傳遞：當一個人有無法表達、無法被意識到的脆弱情緒時，他就會透過憤怒，傳遞到對方那裡，企圖讓對方也體會到這種脆弱的、糟糕的情緒。

憤怒者的情緒像是病毒一樣，在空氣中迷亂地飛舞著。而對方若是靠近、且沒有什麼免疫力，就會被憤怒的情緒所傳染。

精準的傳遞

憤怒傳遞的精準性是很高的。憤怒背後是不同的脆弱情緒經驗。你對別人憤怒時，也會精準地讓別人經歷同樣的脆弱。

當你回到家後，看到孩子在看電視，你特別憤怒。這時，你在不同的情緒背景下，憤怒的理由和要求是不一樣的。

如果在你憤怒的背後是挫敗感，那你對孩子表達憤怒時，一定會讓他也感覺到「我是一個特別糟糕的人」的挫敗感。這時候的你，會用一些否定的話來表達憤怒。你可能會對他說：「你怎麼什麼都做不好，整天就知道看電視！作業寫成那樣、考試考成那樣，你還好意思看電視?!」這樣的憤怒表達出來之後，孩子會感覺自己很糟糕，就可以成功讓他體會到挫敗感。

如果在你憤怒的背後是淒涼感，覺得沒有人關心自己，那你對孩子表達憤怒時，就會讓他也感覺到「我只能不停地做事情，沒人關心我」的淒涼感。你只要不停地指出一個人應該如何如何，他就會覺得自己被忽視了。「你整天就知道看電視，也不知道去做點家事！家裡這麼亂，你看不到嗎?!一點都不知道體諒大人！」這樣的憤怒表達出來後，孩子就會覺得這些家務比自己重要得多，根本就沒有人關心自己。

如果在你憤怒的背後是委屈感，你對孩子表達憤怒時，也會讓他體會到自己所有努力都被否定的感覺。你可能會這樣說：「你整天什麼都不做！就知道吃喝玩樂，一點都不懂事！」這時

他會覺得，自己做了那麼多，原來都是徒勞的，媽媽根本看不到，他就自然而然感到委屈。

透過你憤怒時不同的側重表達，你體會到的這些糟糕的感覺，就會全部精準地轉移到孩子身上。

雙向加倍的傳遞

更有趣的是，接受憤怒的人，並不會束手就擒。你想把這種糟糕、脆弱的情緒扔給他，而他完全不想接。沒人喜歡撿情緒垃圾，這時他就會做出一些別的反應，再扔回給你。

比如說，他也會反過來指責你、挑剔你、繼續激你、離你遠遠的……當對方做出這些動作後，就變得更加強烈了。

在我們的工作坊裡，有位同學說：「我老公出差回來都晚上九點了，他不是直接回家，而是先去和同事吃飯，這讓我很生氣。然後我就冷冷地跟老公回了句『知道了，你去吧』。」這樣冷冰冰的回覆，會讓她先生有什麼樣的感覺呢？他會覺得被自己的老婆冷漠對待了。

這其實就是這位同學無法表達的被忽視感，又被她扔了回去：「你出差回來都晚上九點了，我這麼想你，你居然還不趕緊回來，還要先出去跟別人吃飯。你對我也太冷漠了！」於是她就用冷冷的語氣和先生說話，讓丈夫也體會這種被冷落的感覺。

老公難道不知道這是一句氣話嗎？但是他不願意接受這種冷漠的感覺啊。於是他也在被冷暴力後，發起新的攻擊：「謝謝你，我去啦。」

這句話說出來，會讓老婆有什麼樣的感覺？「我是說反話，你聽不出來嗎？還謝謝我，真是可惡！」這時她感受到的就是更加冷漠的感覺。

就這樣，冷漠感在這兩個人之間一來一回地傳遞著：我覺得被你忽視，就去忽視你、把冷漠感染給你，你感覺到了，又加倍還給我。但是即使如此，還是誰也不先表達：「我覺得被你冷落了，很傷心。」

這位同學不服氣，又改成「熱暴力」，讓對立進一步升級。她忍不住對丈夫發飆。「你每天就知道吃喝玩樂，一點都不知道顧家！」

這句話會讓先生產生什麼樣的感覺呢？他會覺得自己被誤解了，很委屈。「我是在維護我的工作啊。這能叫吃喝玩樂嗎？」

但先生也不會表達這種委屈，於是他也不甘示弱，回了一句讓老婆也覺得被誤解、很委屈的話：「我就不應該跟你說實話，還不如一如既往地騙你省事。反正說不說真話，你都要生氣、都不理解我。」

這時他們兩個人，在彼此的憤怒中，強化了自己無法表達的、被拒絕的失落感，和被誤解的委屈感。

表面上，兩個人吵得不可開交；實際上，卻在傳達一種無法言說的脆弱。

對方的憤怒，是理解他感受的契機

憤怒是對方向你表達他如何脆弱。這點，其實在心理諮商中經常被運用。

比如說「被否定」。在心理諮商時，一位心理師遭遇個案的否定、質疑、批評、挑剔，是很常見的現象。這時，心理師通常都會感到沮喪，覺得自己被否定了，有很強的挫敗感。

如果是資歷尚淺的心理師，就開始慌忙地應對：「你憑什麼否定我呢？你瞭解我嗎？」但是出於不想破壞自己包容、和藹、接納的形象，他只好忍耐著，然後耐心地對個案解釋，其實自己不是對方想的那樣。但實際上，個案內在的脆弱情緒就會被堵在這一刻。他會感覺心理師在說「你不應該這麼評價我」。

成熟的心理師則會根據自己的感覺，辨識出所經歷的糟糕、被否定和挫敗的情緒，是個案無法表達的情緒，扔到了自己的身上。他會發現，這是一個很好的瞭解對方的機會。

這時，他會說：「你在否定我，這讓我感覺到很挫敗。的確，你說得很對，我的確做得不是那麼好。但是我想知道，你平時也會這樣否定你自己嗎？你會對自己感覺到失望嗎？你經常會有這種挫敗感嗎？」

然後注意力就會回到個案身上，他開始對心理師表達他的脆弱了。而心理師與個案的關係，也會因為這次否定的談話更深一層，並更進一步。

所以別人的憤怒，是一個很好的溝通機會。透過讓你感受到對方的難過，讓你有了理解他的可能。

【思考與表達】

寫下你的一次憤怒經歷。是對誰產生的憤怒？發生了什麼？或者直接使用前面的憤怒案例。

1當你對他表達完憤怒後，你覺得他會體驗到什麼情緒？會有什麼樣的感受？

2他體驗到的這種感受，對你來說是熟悉的嗎？

3你覺得他在接收到這種情緒後，會對你做什麼？

4這時你又會體驗到什麼？

5找到你的憤怒中對自己所貼的標籤，生成這樣的句子，並大聲朗讀，體驗一下自己的感受：

・我對自己的要求是＿＿＿＿！這讓我感覺很＿＿＿＿。

・我對你的要求也是必須＿＿＿＿！這樣你也可以感覺很＿＿＿＿。

6你怎麼看待這樣的互動？

讓對方難受的好處

感受一致，才能親密

我在憤怒時，實際是在嫉妒對方的情緒體驗比我愉悅。我需要他像我一樣，同樣地壓抑。需要他與我保持情緒的一致。

讓別人的情緒體驗和我們一致，有什麼好處呢？

好處之一，就是「心理平衡」。

嫉妒是人類很原始的情感之一。

嫉妒是「我需要心理平衡」

某天，有個人很幸運地遇見上帝。上帝對他說：「從現在起，我可以滿足你的任何願望。但同時，你的鄰居會得到雙份。」那人聽了之後非常開心，但仔細一想又非常不悅。「要是我得到一箱金子，那鄰居就會得到兩箱；要是我娶到一個老婆，那鄰居就會娶到兩個老婆！」這人想來想去，實在不知該提出什麼願望，因為他實在不甘心鄰居比自己得到的更多。最後，他咬咬牙對上帝說：「萬能的主啊，請挖去我一隻眼珠吧！」

我們內在有很多委屈、孤獨、壓抑、焦慮，而對方卻很得意、享受、囂張，這讓我們很不開心。**我們就會很本能地想搞一下破壞，希望對方的愉悅值降下來，和我們一樣糟糕。**社會上就有這樣一些人：自己得了傳染病，就要去傳染給別人；自己受了傷，就要拉上別人。從道德層面上來說，他們是真的壞。但從他們的內心深處來說，他們委屈、失落、苦楚卻無人問津，所以他們選擇了這種極端的方式，讓別人也體會一下自己的感受，這樣他們的心理就平衡多了。

如果你想安撫一個人的憤怒，你要知道：不要在他面前表現出任何開心、輕鬆、得意的神情。你要盡量把自己的情緒調整到和他的一樣，才能有共鳴。

但是，如果你想升級一個人的憤怒，只需要告訴他這句話：「我就是喜歡看你不開心的樣子，這樣我就更開心了！哈哈哈哈哈！」

「我需要被你看見」

你的情緒像我一樣之後，就有了第二個好處：**「你可以從自己的世界走出來了，能看見我了。」**

當對方沉浸在令他愉悅的事情裡時，他對我是忽視的。我在拖地，他卻在看電視，那他就是沒有看到我。我在辛苦教孩子寫作業，孩子卻沉浸在無所謂的感覺裡，這對我來說是非常大的忽視。我需要被你看見，那我就只好利用憤怒的手段，強行把你從你的愉悅感裡拉出來。因為這樣潛意識裡會覺得：我打斷你正在做的事、停止你愉悅的情緒，這樣你就能看見我了。

「我需要你的理解」

你看見我之後，我就有了被理解的可能性。當一個人憤怒時，是非常渴望被理解的。所以，「被理解」，是在你的情緒像我一樣之後的第三個好處。

一位同學說：「我老闆是一個脾氣很暴躁的人，經常針對我，對我貼標籤，還惡意批評我。」在這位同學憤怒的背後，內在感受是「委屈」，他很希望老闆能理解自己的委屈。

他為什麼會委屈呢？外在的原因，是老闆脾氣暴躁。其實如果他上班的狀態是整天都在混日子，老闆惡意批評他，他也不會有那麼多委屈。他憤怒的內在原因，是明明自己在工作中非常努力，還被老闆惡意批判，這就讓人感到非常委屈。那麼他為什麼要這麼努力呢？一方面，當然是為自己的前途著想，但也不妨礙另一方面是在為老闆的利益著想。所以他很希望能聽到老闆這樣說：「你為公司付出了這麼多，辛苦了。」

這句話可以馬上治癒他的憤怒。如果他能學會表達，也可以直接對老闆說：「我每天都特別盡心地在工作，希望公司能發展得更好。這時候你還批評我，會讓我感到非常委屈。」透過這樣的表達，有很高的機率也會獲得老闆的理解，讓自己好受一些。但他什麼都沒說，他只表現出憤怒，默默地憤怒著。他是在以憤怒對老闆提出要求：「我做人很善良、盡心盡力工作，你做人也要善良、要客觀評價員工！」

當然，他可能連表達憤怒的勇氣都沒有。但這並不影響他傳達這樣的訊息：「你也要體會一下對人善良、卻不被別人看見的委屈感。」

我們的內在之所以會感到不被理解，是因為別人與我們的經驗不同，彼此的感受是不同的。一個興奮的人，沒有辦法理解一個低迷的人。一個放鬆的人，沒有辦法理解一個焦慮的人。一個敢於重視自己的人，沒有辦法理解一個不敢重視自己的人。

所以我們經常說：你都沒有體會過我的經歷，是無法理解我的。反過來，也就是在說：如果你有了我的經歷，不就能夠理解我了嗎？

當我心裡難受時，需要你的理解，我就要想辦法讓你的感受跟我一樣。我怎麼對待自己，我就要怎麼對待你，讓你有與我同樣的體驗、同樣的感受，這樣你就能夠切身體會到我的感受了。

所以**憤怒其實是在說：「我要你和我有一樣的感受，這樣你就能理解我了。」**

我焦慮，我就催你，直到你也焦慮；我緊張，我就嚇唬你，直到你也緊張起來；我活得小心翼翼、不敢犯錯，我就在你犯錯時，特別誇大後果，讓你也變得小心翼翼。當你也焦慮時，你就知道我過的是什麼樣的生活了。

所以若想安撫一個人的憤怒，就要去看見他的難受，並告訴他：「我知道你現在很委屈、很焦慮、很傷心，很……我想為你做的是……」

如果你想傷害他，可以在看到他背後脆弱的情感後，大聲告訴他：「我知道你現在不開心。但我決定，我就是不要管你。」

「我想和你親密」

被理解最大的好處，就是可以不孤單了。這也是你與我情緒一致的第四個好處：「親密」。

我受苦，也得拉著你一起受苦，這樣我就覺得不是自己一個人在受苦，我並不孤單。你受苦時，有人和你一起受苦；你享樂時，有人和你一起享樂；你吃漢堡，有人陪你吃漢堡；你喝可樂，有人陪你喝可樂。這是多麼幸福的體驗啊。

人有很多的「見不得」：見不得別人閒著，見不得別人輕鬆，見不得別人重視自身，見不得別人驕傲……這些「見不得」其實都在說：「你應該與我的感受一致。只有我們感受一致時，我就感覺我們沒有距離了。」畢竟，在憤怒的人看來，兩個人痛苦比一個人痛苦，好受多了。

因此，憤怒其實也是對愛的渴望。

「嫉妒」兩個字，一直以來以一種負面情感色彩儲存在人類的字典裡，是不大度、沒有容忍心、計較的代名詞。實際上，嫉妒具有非常強的生存意義，它的生存意義就是「求愛」。

「我不能比你差、不能比你落後，這樣我才安全。你必須跟我一樣差、一樣難過，這樣我才能被愛。」

【思考與表達】

寫下你的一次憤怒經歷。是對誰產生的憤怒？發生了什麼？或者直接使用前面的憤怒案例。

1這次憤怒的背後，還有哪些隱藏的其他脆弱的感受？

2嘗試在心裡或在現實中，向他表達：

・我內在的感覺是＿＿＿＿，我希望你也可以感覺到＿＿＿＿。

・如果你也感覺到＿＿＿＿，我就感到自己沒那麼難受了。

・如果你也感覺到＿＿＿＿，我就感覺你能懂我了。

・如果你也感覺到＿＿＿＿，我就感覺沒那麼孤單了。

3當你這麼表達的時候，你內在的感受是什麼？

誰惹你生氣，你就向誰學習

練習放過自己

如何讓自己更輕鬆、快樂？

當你學會放過自己，就掌握了**一個特別厲害、能根治自己憤怒的方法：向他人學習**。表達得更清晰一些就是：以彼之道，還施彼身。

你之所以對一個人憤怒，是因為你在強迫自己，而對方卻沒有強迫自己。你那麼努力、那麼辛苦，他卻袖手旁觀。你不接納這樣的自己，他卻很坦然地接納了自己。於是，你就看不下去了。這時，你試圖解決自己的憤怒，你希望他跟你一樣，也強迫自己、不接納自己、讓自己辛苦，這樣你就能心理平衡了。

但運用這個方式有一個壞處：失敗的機率比較高，可能會使你更加憤怒。其實除此之外，你還可以有另一個更好的解決方法：向他學習——如何不強迫自己，如何更輕鬆、快樂。

是的，那些讓你憤怒的人，正是值得你學習的對象。

前面我們說過，你想要對方與你親密，就會想把對方的情緒拉低到和你一樣，這樣你們就可以連結起來，心理上就是一致的了。實際上，要實現這樣的一致，有兩個方法：其一是讓他的情緒與你一樣低落，其二則是你可以和他一樣開心。去做那些你不敢做的事、你看不上的事、你不想做的事，那些事情，其實會讓你變得開心、放鬆。

向對方學習「控制」

一位同學說：「母親總是干涉我該不該給奶奶錢、該不該買禮物給叔叔以及堂妹等親戚，給少了她不滿意，給多了她會更憤怒。我不聽她的，她就一副傷透心的樣子，說白養了我。」我們先看看這位同學對媽媽貼的標籤：干涉和控制。

要解決自己的憤怒，媽媽其實就是你最好的老師。媽媽是在教育你：你是可以控制別人的。你可以直接「抄襲」媽媽的作業，比如說，控制媽媽。她控制你、干涉你，你也可以控制她、干涉她啊。你年輕力壯，她已步入暮年，論體力、論能量、論持久力，你都不會是輸的那方。更何況，你們爭奪的是關於你的控制權，在你的地盤上，你擁有更大的優勢。所以，她干涉你的錢，你就干涉她的干涉，你一定能贏。

然後你就能享受干涉成功的喜悅，而非感覺到被干涉的憤怒。

然而，這對你來說很困難。因為你對自己還有一個要求：我要做一個尊重別人的人，包括我

的媽媽。

所以你的憤怒其實是在說：

你必須像我尊重你一樣地尊重我！

我自己尊重別人很壓抑，你憑什麼享受！

你必須向我學習尊重別人！你必須也感覺到委屈！

這樣你就跟我一樣了！我心理就平衡了！

可是，你幹麼非要強迫自己尊重媽媽呢？幹麼非要強迫自己不跟媽媽頂嘴呢？向她學著點，不好嗎？

向對方學習「不作為」

還有位同學說：「我生完孩子後，老公什麼都不管，我完全成了喪偶式育兒。在我憤怒地指責他什麼都不做之後，他賭氣地拋下我和孩子，住到了鄉下婆婆家，對家裡的事直接就不管不問，這讓我更憤怒了。」

我聽到這個故事的時候是很驚訝的，因為這個丈夫做得的確很過分。但在先生無法被改變的前提下，我們就需要為自己的憤怒負點責任，為自己做點什麼。

這位同學對丈夫貼的標籤是：不作為。她希望透過憤怒的方式來讓丈夫「有所作為」。然而憤怒這個方法失效了，先生不僅不作為，還直接從這個家離開了。

我們來想想：她為什麼希望丈夫有所作為、來顧孩子呢？

我知道有些媽媽的憤怒，與這位同學的憤怒是完全相反的。她們很介意先生、婆婆過度地看顧孩子，以至於她們想要抱抱自己的孩子都得靠「搶」。她們最大的願望是這些人什麼都別做，讓她自己一個人帶孩子、與孩子親近。對她們來說，帶孩子是一種享受。

那這位同學為什麼要求丈夫在帶孩子這件事上有所作為呢？在觀點層面上，她覺得照顧孩子是父親應盡的義務；在感受層面上，則是因為她自己顧得太累了，有點力不從心。她的身體已經在拒絕了，但她還在強迫自己去做這件事。

她為什麼要強迫自己呢？意識層面上，因為孩子需要有人照顧；但潛意識層面上，她是在要求自己是個有所作為的母親。我詢問一些細節後，驚訝地發現：這位媽媽沒有用紙尿布，因為害怕紙尿布會悶壞孩子的屁股，所以直接換用布的尿布，每天夜裡隔一會兒就摸摸孩子的屁股，看看有沒有尿濕，以至於她整夜都無法睡好。這些事情雖然很累，卻讓她感到自己是個有所作為、盡心盡力的好媽媽。

在這樣一個有作為的背景下，她對丈夫的憤怒就變成了這樣：

你必須像我一樣有所作為！

光我一個人在做，真的很辛苦。你憑什麼享受！

你必須向我學習也那麼做！也感覺到累！
這樣你就能理解我了！我就心理平衡了！

而先生完全無法理解這種「有所作為」，覺得反正你自己帶得這麼用心，也不用我管。很多男人都是這樣，他們認為「家裡的事情反正有人會做，根本用不著我」。

想要解決此憤怒，其實就是像先生學習一點「不作為」。並不是像他那樣扔下孩子直接走，而是能少做、就少做。該換紙尿布就換，雖然可能會悶著孩子的屁股，但自己會輕鬆一些；該安心睡覺就安心睡覺，孩子不舒服了，自然會用哭聲提醒你。實在不行，就請保母、婆婆等能「有所作為」的人來幫忙。這些方法都可以讓自己沒那麼「有所作為」。

當你能讓自己輕鬆地照顧孩子時，就是放過了自己；放過自己，你也就不會這麼容易憤怒了。而且從現實層面上來說，不那麼「有所作為」地帶孩子，比照顧到位，對孩子來講要好得多。

向對方學習「否定」

還有位同學說：「我的主管總是否定我，一點都不考慮我的感受，讓我很生氣。我都做得那麼努力了，他為什麼還要否定我？」這位同學對主管貼的標籤是「否定我」，而他對於被否定很憤怒。意思就是說：

你不能否定我。

你應該忍住你想表達的話，考慮一下我的感受。

你應該把我的感受放在第一位，把你自己的感受放到第二位。

透過這樣的控制，你可以讓主管也跟自己一樣，經歷那種有話不能說的委屈感。是的，當這位同學對主管憤怒時，其實內心有很多話想說、但又不敢說。最明顯的就是關於主管的否定，這位同學很想去否定，覺得主管對自己的否定是不對的。那你就告訴主管啊。既然你覺得他的否定是錯的、不應該的，為什麼不直接跟他說呢？他否定了你的工作，你也可以去否定他的否定呀。

當你否定的力度比主管更大、理由更充分時，他就得忙著招架你，根本沒有還手之力，這時你不就不憤怒了嗎？

所以，要解決「對主管的否定」的憤怒問題，答案之一就是向他學習，學習如何坦然地否定對方。是你自己不敢否定對方，卻要指責對方不應該否定你。

這時有些同學會提出疑問：「那可是上司啊！這麼光明正大地否定他，會丟掉工作的！」如果只是因為你提出不同意見，上司就讓你丟了工作，那可不是你否定他所導致的，很有可能是你本身就沒有能力，早就該被辭退了。一般有工作能力的人，是完全可以與上司平等對話的。

放下偏見，向對方學習

憤怒的人是在教你看見：你不懂得放過自己。他在現身說法，教你如何放過自己。

聽到這裡，你可能難以苟同：這不就是在比誰更任性嗎？是的。一個人越是不敢任性，他對自己的要求就越多，會覺得這也不能做、那也不能做，然後他對那些敢於任性的人，就憤怒了。

這是一句經典的俗語：「好人不長命，禍害遺千年。」放在這個語境裡，意思就是：非常照顧規則的人，會不停地壓抑自己，看到那些不壓抑自己的人總是很生氣。而那些靈活的人，會把規則放在第二位，將自己的感受放在第一位，所以他們不壓抑自己，總是讓人看了生氣。

一個總是在生別人的氣，一個總是在讓別人生氣；一個總是在壓抑自己，一個總是在表達自己。你說哪個人活得更長久？放得下、看得開、豁得出去，本來就是健康長壽的祕訣。

有人覺得這樣做很困難。他們的認知是：「如果我像他那麼任性，不就太糟糕了嗎？」人會找很多理由告訴自己不能這樣做、不能那樣做。其實不是的，我在下一章會詳細地探討其中的原因。

現在，我先邀請你用現實檢驗一下：

- **對方這麼任性地在做壞人，他是怎麼活下來的？他活得比你差嗎？**
- **你不好奇為什麼他這麼任性、做得這麼差，卻活得不比你差，真的是他的問題嗎？**

放下偏見、向對方學習、比對方更能豁得出去，就是化解憤怒的終極法寶。

【思考與表達】

寫下你的一次憤怒經歷。是對誰產生的憤怒？發生了什麼？或者直接使用前面的憤怒案例。

1在這次憤怒中，對方沒有的禁忌是什麼？你的禁忌是什麼？

2你可以向對方學習什麼？你該怎麼向他學習？

3你的顧慮是什麼？你該如何化解這個顧慮？

難受是故意的

負面情緒是對父母的忠誠

你難受，是你的潛意識故意的

前面提到，憤怒是一種對親密的需求。憤怒是希望兩個人的情緒狀態一致。其實，達到一致有兩個方法：

- **向你憤怒的對象學習，跟他一樣懂得放過自己，實現輕鬆、快樂。**
- **要求對方向你學習，跟你一樣學會強迫自己，實現委屈、壓抑。**

然而，你會發現人很難選擇第一種，會有各種理由不允許自己輕鬆、快樂，寧願沉浸在自己的負面情緒裡，也不願意走出來。因為對一個人來說，意識層面上，他是很想快樂的；但在潛意識層面上，卻想體驗負面情緒。比如說，你想感受委屈的感覺，那就要在面對不公平待遇時，保持沉默，一個人忍著；你想體會孤獨的感覺，就渴望依賴一個人，渴望到超出他能被你依賴的程度；你想體會挫敗感，就為自己設置一個根本達不到的目標。你想體會某種情緒，去做相應的事情就可以了。

一位同學說：「我被公司要求加入一個強度非常大的案子。雖然是在家辦公，但幾乎是二十四小時待命的狀態，光是工作就已經讓我非常非常疲憊。而我的孩子兩歲半，正是需要父母的時候。我又實在分身乏術，就一再囑咐老公多陪陪孩子。在我邊吃晚飯、還邊開視訊會議時，我的老公陪著孩子玩了十分鐘，就趴在床上打瞌睡去了！」

這位同學的憤怒其實是在說：「我已經這麼累，你為什麼還這麼沒用，幫不上忙。我在工作壓力這麼大的情況下，還要為這個家操心和付出，我真的很累、很委屈、很孤單。」

是什麼讓她這麼委屈？外在原因是丈夫的不作為，不能盡到相應的義務和責任，這是丈夫的失職。同時內在原因是，自己因為工作已經筋疲力盡了。

這時要解決此憤怒，有兩個思考方向：想辦法讓先生盡到家庭的義務，和減少自己的筋疲力盡感。加強丈夫的家庭責任感、讓丈夫承擔更多，這非常有必要，但也是一個相對長期的過程。除了這部分，我們還有更即時的第二個路徑：**為什麼老公能趴在床上睡覺，自己卻要讓自己筋疲力盡呢？我們應該想辦法照顧好自己。**

客觀原因上看，是因為這位同學加入了一個強度非常大的案子，以至於到了二十四小時待命的狀態。主觀上則有一部分是因為自己的上進心和恐懼，她要求自己必須配合主管完成相應的

工作、必須承擔好這部分責任。無論我的身體多麼疲憊，我都不能拒絕。

因此，這位同學的潛意識裡有一個動力就是：工作比我重要，工作比我的身體重要、比我的感受重要，我要為了它全力以赴。這種狀態下，如果工作還不能給自己相應的回報，那麼人就容易感覺到委屈。

當她看到丈夫卻非常放鬆、不委屈自己時，她就憤怒了。她希望丈夫能和自己一樣勤勉到有委屈感，而不是只顧自己輕鬆。

情緒的傳遞

人故意體驗負面情緒是有意義的。最大的意義，就是這些情緒是與父母連結的。當一個人體驗到負面情緒時，雖然痛苦，但潛意識的某一部分卻是踏實的，那種感覺就像是與父母還在一起一樣踏實。

一個人在憤怒中所體驗到的委屈、挫敗、孤獨，其實與他的父母經常體驗到的情緒是一樣的。如果你常體驗到某種負面情緒，那基本上可以推斷：你的父母也過著與你類似的生活，也經常感受跟你一樣的情緒。

對這位做著全天候待命工作的同學來說，她小時候，爸爸媽媽做著好幾份工作，根本就沒有時間陪她。她要接受全天候待命的工作安排，讓自己處於超負荷的狀態；父母也是接受了好幾份工作，處於超負荷的狀態。這樣，他們體驗了一致的感覺——孤軍奮戰的累和委屈。

父母把自己忙到沒時間管孩子，不僅僅是對孩子的忽視，在孩子不爭氣時也會體驗到委屈。父母先把自己累著，然後看到孩子時，就會萌生一種埋怨：「我這麼辛苦地為你付出，你怎麼就不知道體諒我呢？」孩子也會莫名其妙地感到委屈：「我好好的，怎麼就被你罵了呢？」直到這個孩子也學會自己主動找事情忙，讓自己的情緒與父母保持一致，他才感覺到踏實。如此，便完成了情緒的傳遞。

這樣一家人，透過使自己忙碌勞累、責怪別人不體諒自己而感到委屈，來完成彼此的連結。

你還以為負面情緒才是安全的

人在出生時雖然會哭，但還是快樂的。你看小嬰兒對世界充滿著新奇感，雖然偶爾也會感到害怕，但有媽媽的庇護和爸爸的幫助，他就充滿了力量，不再那麼害怕了。

父母天生就是愛孩子的，在孩子困難時給予幫助、害怕時給予安撫、不開心時逗他開心。當然，這一切的前提是建立在父母人格完善的基礎上。

實際上，父母狀態好的時候，的確願意給予孩子各種愛。當父母自己過得並不是很好時，他們有很多無法表達的情緒，並會把這些情緒帶回家裡，感染給孩子。比如說，父母在親戚、鄰居面前感受到自卑，內在就生出許多想超越別人的衝動；這時，他們回到家裡，看到還在貪玩的孩子，就會有股憤怒襲上心頭，覺得孩子怎麼這麼不爭氣、罵孩子「沒用」，直到孩子也感受到自卑，不敢再放肆玩為止。

有些父母會因為疲於生活而充滿焦慮，看到孩子還在貪玩時，也會憤怒，他們會催著孩子趕緊去做事情，直到孩子也焦慮地找各種事情忙，他們才滿意。

對孩子來說，在面對父母的負面情緒時，他沒有任何的抵抗能力，只能被動地被影響。因為父母常有的負面情緒是相對穩定的，於是孩子常有的負面情緒也會變得穩定。

對小孩來說，如果有了跟父母不一樣的情緒是危險的。你可以想像：如果你的父母很焦慮、覺得自己不夠好，而你坦然接納了自己的不夠好，那是一種什麼樣的感覺？如果你的父母焦慮又忙碌，你卻坦然而悠閒，你會被怎樣對待？如果你的父母每天都在抱怨，你卻沒心沒肺地樂觀著，你們之間會發生什麼？

若一個孩子的情緒與父母不一致，他很有可能會被懲罰。所以，生活在父母的負面情緒之下，保持不開心，對孩子來說才是安全的。

反思你的負面情緒

當一個人長大後，如果不去覺察，就會保留這種情緒習慣。正如電影《刺激1995》裡所描述的圍牆：一開始，你抗拒它，它限制了你的自由；慢慢地你就會習慣它、與它相處；日子久了，你會發現你離不開它了。

負面情緒就是這樣，小時候由父母所傳遞，一開始你會抗拒，覺得他們這樣對待你是不對的；後來慢慢地，不需要父母再傳遞，你已經將情緒內化了。

負面情緒一旦穩定，就會成為一種習慣。在長大的過程中，人會時時刻刻保持這種習慣，因為這代表了曾經的安全。

要剝離這種情緒，實際上就是要看到它的來源，然後再進行剝離。

憤怒時，你可以先有一個觀察：此刻，你內在的脆弱情緒是什麼？它對你來說是熟悉的嗎？你還在哪些時候有過這些情緒？

然後你會漸漸意識到，這個情緒不僅僅是這件事中單獨存有的，而且也不只存在了一天兩天、一次兩次，它是你經常會有的一種情緒。

接著問自己：你的父母也感受過這種情緒嗎？他們在什麼時候會感受到這種情緒？他們又是怎麼把這種情緒感染給你的？

而後你可以做個決定：你是否要把這個情緒還給他們。你替他們背負了這麼多年此類的負面情緒，你想什麼時候還給他們，去選擇你自己的情緒、實現情緒自由呢？

【思考與表達】

寫下你的一次憤怒經歷。是對誰產生的憤怒？發生了什麼？或者直接使用前面的憤怒案例。

願你擁有
憤怒的自由

1 找到這次憤怒中，你背後體驗到的脆弱情緒是什麼？

2 你還在哪些事情中體驗過這種情緒？

3 你的父母在什麼時候有過這種情緒？

4 他們是怎麼向你傳遞這種情緒的？

5 現在你想怎麼處理自己的這種情緒呢？

5 恐懼：

因為我很擔心，所以我不能那麼做

憤怒是一種「理性」

越理性，越易怒

「舒適原則」與「正確原則」

人在做事的時候，會遵循兩個不同的原則：

- **舒適原則。**
- **正確原則。**

運用「舒適原則」的人，做事情的時候，會以自己的感受是否愉悅、輕鬆和舒適為標準去做決定。當一件事讓他們感受舒適時，即使這件事不正確，但只要代價能承受，他們也會去做；若這件事讓他們感覺到不舒適，即使這件事是正確的，他們也不會去做。

而運用「正確原則」的人，做事情時，則會以是否正確、合適和恰當為標準去做決定。當他們認為一件事正確時，即使感受到不舒適，他們也會去做；若這件事讓他們覺得不正確，即使感覺是舒適的，他們也不會去做。

比如說追劇這件事。以舒適原則做事的人，會去追劇，看得開心、過癮，甚至痴迷的時候，會追到夜裡兩、三點，或者更晚，因為根本停不下來。即使理性告訴他們：該停了，明天還得工作。但他們的感受依然會反駁理性：不，你不想停。於是他們會一直持續追劇的行為，直到身體非常疲憊，對電視劇已經沒什麼感覺了，才去睡覺。

以正確原則做事的人，也會追劇。不過他們從一開始就非常克制，因為長時間追劇這件事，在他們看來是墮落的、沒有價值的。當他們追劇到正常睡覺時間時，會因為第二天要上班、晚睡影響健康等理由，及時停止。即使他們的感覺還是很澎湃、還想再過過癮，但是他們也會停止。即使沒控制住也會自責，因為他們認為那樣做是不對的。

兩個原則之間的關係

但實際上，人的內心是複雜的，會同時運用舒適原則和正確原則。這兩個原則就像是我們工具箱裡的兩個工具，在做決定時，兩個原則都想參與決定，最終卻只有一個能行使決定權。

舉個例子，假如你的媽媽特別愛控制你，總是告訴你該做這個、不該做那個。使用舒適原則的人，會做一些事情來保護自己的感受。比如用頂嘴、反駁、大聲呵斥、威脅等方式，來阻止這

種控制，他們速戰速決，不會讓自己糾纏太久。當自己的能力不足以敵對媽媽的控制時，他們就會選擇遠離，甚至不與她聯繫，來讓自己的感受舒適一些。舒適原則為他們做了決定，但正確原則又使他們感到自責、內疚，覺得自己可能做得有點過分，這或許不是一個正確的選擇。

而使用正確原則的人，則會做一些讓自己覺得正確、但又會感覺到委屈的事。比如違背自己的意志去做一些不想做的事，這些事要以「不傷害媽媽」、「要孝順」等原則為基礎。可是做這樣的事情，又會讓他們感覺到不舒服，他們也想維護自己的感受。但即使維護感受，也要在保證「正確」的基礎上做維護。

舒適原則和正確原則，並不是絕對衝突的關係。有些事情是既正確、又舒適的。比如說，二十多歲時談戀愛，既正確又讓人愉悅；再比如，做喜歡的工作，不僅開心，還有利益收穫。而有些事情則是既不舒適、又不正確的，比如大冬天去裸奔，既冷又不文明，這類事你壓根不會去做。

但在很多事情上，這兩者會產生衝突。比如堅持健身、某些加班、向討厭的主管做報告，這些事正確，但痛苦。這時，不同的人有不同的表現，有些人會依據舒適原則去放棄，有些人則會依據正確原則去堅持。

當這兩個原則發生衝突時，對你來說，更重要的那個，就會引導你做出相應的決定。

兩個原則背後，是兩種驅動力

舒適原則和正確原則對應的，是兩種不同的驅動力：

●感受驅動。
●理性驅動。

運用舒適原則的人，是被「感受」驅動的，也就是當他們做決定時，身體的感受會告訴他們，怎麼做會讓他們更舒服。

運用正確原則的人，是受「理性」驅動的，也就是當他們做決定時，大腦會告訴他們，怎麼做是正確的。

同樣一件事，對於不同的人、在不同時候，有不同的驅動力。比如社交，對感受驅動型的人來說，會因為孤獨、寂寞、無聊等感受，主動去做；對理性驅動型的人來說，則是為了某些現實目的和利益等，他們認為是「正確」的原因去做。比如做家事，有些人享受家務，做家事可以為其帶來極大的滿足感和成就感；有些人則會因為「地板一定要保持乾淨」這一理性要求而去做。

同樣的一件事，同一個人，在不同的時候，可能也會使用不同的驅動力。有很多事情，在一開始時，你是非常喜歡做的，充滿激情，並感受到輕鬆和快樂，這時你是被感受驅動的。但做著做著，你會消耗、感到累，就會遇到挫折而想退縮，這時你的理性可能會告訴你：不應該放棄，應該堅持，所以這時就變成受理性驅動。

最典型的應該就是感情和婚姻了。

最初你跟一個人在一起時是非常享受的，日思夜念，這時就是被感受驅動。但是在一起

久了，你會發現他很煩人、很黏人、脾氣很暴躁，就不想和他相處了；但你因為「應該負責任」、「不應該傷害他」、「應該從一而終」等理性原因，強迫自己繼續與他相處。

使用不同的原則，後果不同

使用舒適原則較多的人，會活得比較輕鬆、自在，因為他們不會為難自己。他們懂得及時抒解自己的壓力，能夠維護自己的感受，不太會讓自己不舒適，這時，他們的心理承受力也會大很多。雖然看起來也許自私、任性、不可靠，但這不影響他們善良、溫柔、幽默、陽光、有個性，依然被很多人喜歡。

而使用正確原則較多的人，會活得比較辛苦、壓抑，因為他們太會為難自己了。他們的內耗非常厲害，心理能量很容易枯竭。這樣的人會經常讓自己的內心處於一種飽和狀態，對刺激的承受能力相對較低，也更容易憤怒。他們看起來往往正經、嚴肅、博學，在現實中也非常優秀、可靠，所以也會被很多人喜歡。

是的，**無論你成為什麼樣的人，都會被很多人喜歡。你堅持你的活法，就是在做你自己。**

遺憾的是有些人總是搖擺不定，一會兒責怪自己以感受為先，一會兒又覺得太理性不好。他們會花費大量的時間，消耗在到底應該以哪個原則為準這件事上。

你的生活，以哪個原則為主？

其實**容易憤怒的人，是因為內在的規則太多，對自己的要求太多。**一個人對自己的要求越多、越細，內在的消耗就越快、越容易枯竭。對外投射出去，就表現在他對別人的控制也會很多，要求別人也得像他一樣，理性地生活。

所以，容易憤怒的人，其實是原則性很強的人。他們非常理性，會要求身邊的人、新聞裡的人、陌生人都遵守規則。所以當看到毫不相干的人做了違背他們原則的事，也會憤怒。

這就形成了一個很有趣的現象：使用正確原則的人，會對使用舒適原則的人憤怒；而使用舒適原則的人，卻不會對使用正確原則的人憤怒。

那如何判斷你的生活是以哪個原則為主呢？當你做決定時，可以感受一下：你是以讓自己舒適、輕鬆、快樂、享受為主？還是以做得正確、利益最大化為主？做這件事，你是忍不住想去做？還是覺得應該這樣才去做呢？

如果判斷不出來，還可以這麼問自己：假如你可以不計後果地盡情選擇，你還會去做嗎？這時若你還選擇去做，就是被感受驅動；如果選擇不做，就是受理性驅動。

我猜很多人會喜歡讓人不快樂、但又正確的原則。你可能會問：人為什麼那麼傻，喜歡大量地遵循正確原則，以理性驅動？人為什麼要自虐地壓抑自己呢？多多運用快樂原則，不就不憤怒了嗎？

這是因為以正確原則來壓抑自己的感受，是有很多好處的。

【思考與表達】

寫下你的一次憤怒經歷。是對誰產生的憤怒？發生了什麼？或者直接使用前面的憤怒案例。

1在你的憤怒中，你是怎麼正確但不舒適的？對方是怎麼舒適但不正確的？

2試著大聲讀出下面的話：

・我做＿＿＿＿＿＿雖然不舒服，但是正確！

・你做＿＿＿＿＿＿雖然舒服，但是不正確！

・你要跟我一樣，選擇正確！不能選擇舒服！

3這個過程帶給你的感受是什麼樣的？

憤怒是一種「恐懼」

我理性，因為我害怕失控

理性最大的好處，就是「避免失控」

憤怒的人要求自己理性生活，同時也要求別人理性生活，卻很少停下來思考：為什麼非要理性地生活？

比如說：

- **憤怒的人覺得「人就是應該上進」↓但人為什麼要上進呢？**
- **憤怒的人覺得「人就是應該負責任」↓但人為什麼要負責任呢？**
- **憤怒的人覺得「人就是應該尊重別人、不能控制別人」↓但人為什麼要這麼做呢？**

憤怒的人一直在提要求。可是，人為什麼要不斷地給自己設置限制、建立牢籠，然後要求自己去遵守這些規則呢？以舒適原則瀟灑、自在地活著，不好嗎？

在憤怒者的眼裡，他們樂此不疲地對自己設置限制的最大好處，就是「有自我控制的快感」。在他們的想像裡，如果不隨時保持理性，那麼現實就會失控，就會出現無法承受的後果。他們的潛意識會認為：真實的自己是一頭洪水猛獸，一旦給它自由，它將把自己導向一個非常糟糕的結果，所以他們必須發展出理性來控制自己。

每個人都有三個「我」

佛洛伊德把人的內在分成三個部分：「本我」、「自我」和「超我」。也就是說，每個人都有三個「我」。

「本我」，遵循的是舒適原則，使用的是感受驅動。本我想要逃避一切讓人痛苦的事情，想做一切令人愉悅的事情：自由自在，任性妄為。

「超我」，就是人後天學習到的生存法則，遵循的是正確原則，使用的是理性驅動：你只有做正確的事，才能獲得安全感。

因此，人活著就成了這樣——本我說：「我不要負責任，我不要認真地做事，這樣生活簡直太快樂了！」超我說：「你必須負責任，你必須認真做事，你不能為過得快樂而活著，你應該為過得正確活著！」

「超我」就是一個督察官，隨時在禁止「本我」興風作浪。這兩者總是在相互拉扯、戰鬥，也就形成了表現出來的綜合結果，就是你現在的樣子：**「自我」**。

所以，別看你每天什麼都沒做，其實你的體內，隨時有兩個戰士在不停地打架。

憤怒的人，其實就是「超我」過於強大了。

一個人的超我越強，他的禁忌就越多，他對別人的禁忌和要求也會同樣多。可是別人的超我沒有他的強大，也就沒有他那麼強迫自己。這時，憤怒的人看不得別人這麼不強迫自己，他就憤怒了。

超我就像是藥物一樣，它的存在本來是為了抑制病菌、保護人類，但同時，它也在傷害身體，讓人喪失一部分生命力。

理性背後的恐懼

理性的本質，是防禦恐懼。那麼人的理性到底是在恐懼什麼呢？

比如說，有些人對自己的要求是上進。但是，如果自己不上進，會怎樣呢？他的潛意識就會自動進行一系列加工：如果我不上進，我就不優秀；如果我不優秀，我就會被社會淘汰；如果我被社會淘汰，我就活不下去了。

或者也會這樣想：如果我不上進，我就不優秀；如果我不優秀，我就會很普通、很平凡；如果我很普通、很平凡，就沒有人喜歡我了。

所以，在他看來，不上進，就是活不下去或者沒人喜歡。這個後果，可比不舒服嚴重多了。

同樣地，假使一個人不負責任，會怎樣呢？憤怒者的邏輯是這樣的：如果我對孩子不負責任，我就會傷害到孩子；如果我傷害到孩子，孩子將來就會怨我；孩子怨我，我就是一個失敗的媽媽；我是一個失敗的媽媽，就說明我這個人很無能；我很無能，我就覺得自己活不下去了。

同樣地，若一個人上班遲到，會怎麼樣呢？憤怒者的邏輯是這樣的：如果我遲到，老闆就會對我有意見、覺得我不可靠，不把重要的工作交給我；我不做重要的工作，就會被邊緣化，甚至被淘汰；我被淘汰，就會失去工作，沒有收入；就會沒有飯吃，就會……活不下去了。

還有，人為什麼要照顧別人的感受？因為，我不照顧別人的感受，別人就會受傷害；別人受到傷害，就不會喜歡我了；別人不喜歡我，我就會活得很孤獨。

沒有愛，就活不下去

每個人的邏輯加工都不一樣。但你反覆去問他：「那會怎樣？」「為什麼不能？」就會得到一個終極答案：「沒有人愛，就活不下去。」

在潛意識裡，雖然舒服很重要，輕鬆很重要，但是比這些更重要的事情就是：活下去！

我們之所以不厭其煩地壓抑自己，一而再地委屈、強迫自己，一定要去做那些我們其實根本不想做的事，一定要上進、要照顧別人、要努力、要優秀，放棄輕鬆，去做這些正確的事、執行這些正確的規定，是因為我們還想活啊！這麼大的動力，還有什麼是不能放棄、不能自我強迫的？

這也是潛意識裡糟糕至極的邏輯：如果不這麼做，就有特別糟糕、無法承受的後果出現。所以易怒的人，其實是因為內心太害怕了，他們很害怕自己沒做好、害怕沒做該做的，害怕做錯了，就不被愛了，就活不下去了。他太害怕失控了，所以不得不對自己有很多的要求。

一個人內心深處有多恐懼，他外在就有多易怒。所以，當你憤怒時，你要先問問自己：

- **我對他的要求是什麼？我對自己有沒有這樣的要求呢？**
- **我為什麼要對自己有這樣的要求？**
- **如果我違反了這個要求，後果是什麼？**

這時你就會感覺到，你對「不被愛」、「活不下去」是有多深的恐懼了。

理解對方的恐懼

當一個人對你憤怒時，你就可以知道，他的內在其實有很多恐懼。這時，你就可以去觀察他對你的要求，並與他探索：「你為什麼要這麼做？如果你不這麼做，會怎樣呢？」

有位同學說：「我的前夫為孩子以外的人提供各種幫助，對孩子卻很少陪伴，這樣的做法讓我很憤怒。」

這位同學對前夫的要求是：一定要對孩子有足夠的陪伴。那麼，她對自己的要求也同樣是：一定要給孩子足夠的陪伴。

假如你是她的前夫，你就可以去好奇：她的恐懼是什麼？如果她不去做這件正確的事，對她來說會有什麼樣的後果？

這時你會發現，她之所以要求自己給孩子很多陪伴，是因為她覺得孩子是脆弱的。如果陪伴不夠，孩子就會有創傷；如果孩子有創傷，他的心理就會不健康，人格就會有缺陷。等他長大後，會受到很多挫折、吃很多苦，他將來的生活，就會過得很艱難。

然後你就知道，這位母親之所以這麼憤怒，是因為她把沒有給予孩子足夠的傾聽和關愛，聯想到孩子將來會過得很艱難上去了。

這時，如果你想安撫她的憤怒，可以嘗試讓她安心一點，讓她知道：「其實你不必這麼焦慮，非要難為自己給孩子這麼多的陪伴。即使很少陪伴，但陪伴有品質，孩子將來也會過得很好。反過來說，強迫自己給出的陪伴，反而會對孩子帶來壓迫感。」

【思考與表達】

寫下你的一次憤怒經歷。是對誰產生的憤怒？發生了什麼？或者直接使用前面的憤怒案例。

1從中找到一個你對自己的要求。比如「我對自己的要求是，我不能A」，然後反覆問自己：「如果A，會怎樣？」聯想下去，不停問自己會怎樣，直到最終不能再繼續。

比如說：

・如果我自私，會怎樣？

・如果我任性，會怎樣？

・如果我自以為是，會怎樣？

2寫下來後，發現你內在的恐懼是什麼了嗎？這帶給你什麼樣的感受？

憤怒是一種「保護」

我希望你改變，以保護我，或者保護你

憤怒，是想要保護

憤怒是一種懲罰，你錯了就要接受懲罰。但懲罰也從來不僅是懲罰，我們懲罰一個人的動機也會非常複雜。

有的懲罰是毀滅性的，我們希望對方就地消失，希望剝奪其能力和意志，希望他喪失傷害別人的可能。有時恨一個人，就是想狠狠懲罰他，比如說殺父之仇。有的懲罰則是在說，希望你改正，引以為戒，如果再不改，就會有很嚴重的後果，比如說父母、老師、伴侶對你的憤怒，那是一種恨鐵不成鋼的憤怒。

憤怒，就是「我希望你不要這麼做」，如果你這麼做，有兩個後果：傷害我，或者傷害你。這時我們就會期待出現一種憤怒機制，可以達到保護我，或者保護你的目的。

若我優先辨識到的是「你這麼做會傷害我」，那我的憤怒就是在說：「你這麼做傷害了我。」這時候的憤怒其實是在保護自己。另一種可能，如果我優先辨識到的是「這麼做會傷害你」，我的憤怒則是在說：「你這樣做會傷害自己，我希望你變好。」這時候的憤怒就是在保護對方。因此，你可以透過辨識機制來判斷，此刻，你的憤怒屬於哪一種。

比如說，你對一個路人亂插隊的行為感到很憤怒，這時你需要去辨識，他亂插隊影響了誰？影響你自己，還是影響別人，抑或影響插隊者本人？如果你覺得路人這種行為影響了你，你可以直接對他表達：「我希望你改變，不要插隊，這樣你就可以保護好我的利益了。」若你覺得插隊的行為是影響了他，你也可以直接表達：「你這樣是不道德的，如果一直這樣會傷害你自己的。」

雖然這樣的表達聽起來沒什麼用，但你在憤怒的那一刻，還是希望對方可以妥協來保護你或者他自己。我們表達的目的，並非真的要對方改變，而是讓自己看到你在做一件什麼事。當你表達的時候，你也對自己真正的目的更加清晰，進而有了更好的解決方案。

有位媽媽對我說：「我的孩子不管是寫作業還是考試，會的題都有可能做錯，總是一種差不多就行的態度，這讓我很憤怒。」我問她：「這種『差不多就行的態度』是一種什麼樣的態度呢？」她說是不認真。我們可以知道：這位媽媽對孩子的不認真很憤怒，她希望孩子做事情能認真。

那麼，認真會怎樣？不認真又會怎樣？

「念書不認真，就會成績不好；做事情不認真，就做不好事。身為學生，成績不好，身為成人，事情做不好，那麼你的競爭力就會很低，就容易被淘汰，很難在社會上立足，甚至會很難活下去。」

所以這位媽媽的憤怒，其實是在為孩子的將來而焦慮。孩子的不認真，觸發了媽媽對孩子未

來的擔心，媽媽希望孩子有一個輕鬆、幸福的未來。雖然我們未必同意這位媽媽的這套邏輯，但是就她的動機來看，她的憤怒是在表達利他，她希望保護自己的孩子。

很多時候我們為別人擔心，無法直接表達，而選擇用一種憤怒的方式。

憤怒可以保護我，也可以保護你

憤怒不僅只保護我或只保護你，有時也能既保護我、又保護你。雖然你的行為對我造成了傷害，但如果你停止傷害行為，對你來說也是好的。我希望你為我好，我也希望你好。

一位同學的憤怒是這樣的：「老公總是挑我毛病，愛揪住一些小事來要求我。比如一回家就說我鞋沒放好、衣服沒掛整齊、出了廚房沒關燈等等。」

這位同學對丈夫貼的標籤是「挑剔」，對他的要求是「不能挑剔」。丈夫的挑剔對這位同學的傷害是顯而易見的。於是我問她：「在你的想像中，老公總是挑剔，對你來說，會有什麼不好的影響嗎？」

她說：「如果他那麼愛挑剔，就會破壞我們的夫妻關係，我就想離開他。」

這位同學想阻止丈夫的挑剔，實際上也想阻止先生破壞他們的夫妻關係，阻止先生失去他親愛的老婆。這位丈夫是不是真的在乎自己的老婆，我們無從得知，重要的是，在這位同學的世界裡，她覺得老公是在乎自己的，她可以用憤怒來保護他。否則，如果你覺得自己在丈夫心裡一點地位都沒有，你還會對他的挑剔憤怒嗎？

但對先生來說，他在挑剔時，想過這樣做會失去自己心愛的老婆嗎？

事實可能恰恰相反。先生在那一刻的想法可能是：我很確信你知道我愛你，我覺得我們的關係很安全，所以我才會放心、大膽地挑剔你。

只要覺得關係足夠安全，人就會自動去挑剔，這是潛意識決定的，不是他能控制的。「挑剔就會失去對方」是這位同學的個人想法。但在她先生的世界裡，他對自己做法的理解可能是：我不會失去你，才會挑剔你。這位同學只能以自己的想法去理解丈夫，所以她保護丈夫的方式就是阻止他挑剔。

在這位同學的憤怒裡，還有另外一個聲音：「我覺得如果他是一個愛挑剔的人，對他的人際關係也不是很好，這樣下去，所有人都會不喜歡他的。」

所以在這種憤怒裡，還有另外一層更深的愛：我想保護他的社會關係。

愛的兩個角度

愛，可以有兩個角度來理解：

- **我付出了愛。**
- **你接收到了愛。**

從發出者來說，如果他的動機有利於一個人的行為，那就可以稱是在「付出愛」。比如說，你要求孩子別浪費，因為你覺得他養成節儉的習慣更有利於生存；你要求員工加班，因為你覺得員工趁年輕要多為自己的未來拚搏；你要求伴侶負責任，因為你覺得維護家庭的和諧會對他後半生很有幫助。這些都可以稱為愛。

從接收者來說，對方的付出構成了對你有利的結果，就可以稱為「接收到愛」。比如說，你因為一個人的動作而感覺到更開心、更富足，那你就是在被愛。陽光給了你溫暖、老闆發給你工資、老媽為你做了一頓早餐，這都是「被愛」的表現。你可能覺得這些都是應該的，但是這並不影響它也是愛啊。並不是多出來的才算是愛。

愛並不是「因為你愛我，所以我被愛」的簡單邏輯；而是我輸出了某種行為，經過中間一系列複雜的加工到了你那裡，然後你體驗到了另外一種東西。所以你經常會遇到這種情況：我沒付出什麼，對方感動得一塌糊塗；我付出很多，卻惹得對方生氣。

憤怒就是一種從「發出者」的角度來定義的愛。很多時候，我們在對別人的憤怒裡，都有強烈的「我想拯救你」的情懷。雖然它的結果，常常會構成傷害，常常好心辦了壞事。我們習慣只從結果去判斷愛，覺得結果若是傷害，就不是愛。這其實對發出者很不公平，同時也是對發出者的一種理想化。

我的老師講過一個故事：你在樓頂突然發現一個人想跳樓。他說：「別過來，別報警，不然我就跳下去。」這時你是過去拉他，還是站在原地呢？如果你過去，他跳了下去，這個結果是你造成的嗎？如果你沒有過去，他跳了下去，你會自責嗎？

你行為的結果，很可能會構成傷害，但這並不應該否定你的動機是想表達愛。

當別人對你憤怒時，你可以看到，雖然他在傷害你，但其實他背後有一個愛你的動機。當你能感受到對方的愛時，你就會緩解對他的憤怒了。作為接收者，**如果你不喜歡，可以說不，但你依然可以去感激他愛你的部分。你可以對他說：「我知道你很心疼我，也看到你在努力地對我好，我很感激。但抱歉的是，我不能按你說的去做。」**

以「表達擔心」代替憤怒

對憤怒者來說，他更容易看到對方錯的地方、和自己被傷害的地方，而不容易看到自己保護對方的地方、與為對方著想的地方。如果憤怒者願意看到並多去表達愛的部分，他的憤怒就會被消融，進而以擔心來代替。因此，當你對一個人憤怒，可以試著把你的擔心表達出來。

一位媽媽說：「女兒念幼兒園大班時，升小學要考英語。孩子背英語單字，football和basketball的中文意思總是記不住，我特別生氣，記不住就不准她睡覺。」

你可以想像這位媽媽生氣時，會做出哪些讓孩子害怕的行為。但如果她能更坦誠一點，直接對女兒說：「媽媽很擔心你。你馬上要考小學了，媽媽很害怕如果你記不住，就會……」對方同不同意、需不需要是另外一回事，起碼你在表達擔心時，憤怒就開始被轉化了。你可以在你的擔心上下工夫，而非去糾結對錯。

要知道，直接表達自己的擔心，要比表達憤怒更有利於你們的關係。

【思考與表達】

寫下你的一次憤怒經歷，是對誰產生的憤怒？發生了什麼？或者直接使用前面的憤怒案例。

1 這次憤怒是在說，對方的行為會傷害誰？對你會造成哪些傷害？對他本人有哪些傷害？你可以找出對一方或雙方的傷害。

2 生成這樣的句子，並大聲朗讀向他表達：

· 你是不應該＿＿＿＿的！

· 二選一，或都填：

(1) 如果你＿＿＿＿，對我的壞處就是＿＿＿＿！

(2) 如果你＿＿＿＿，對你的壞處就是＿＿＿＿！

· 二選一，或都填：

(1) 如果你改正，我就可以＿＿＿＿，你要對我好。

(2) 如果你改正，你就可以＿＿＿＿，我這是為你好。

3 當你這麼說出來後，你有什麼樣的感受和想法？

轉化憤怒
發現錯誤，破除死亡邏輯的恐懼

恐懼是真的嗎？

恐懼不一定是一件壞事。有些恐懼是有客觀基礎的，這些恐懼有很大一部分是基於我們的現實經驗發展出來，它是避免我們受傷害的一種保護機制。而有些恐懼，是不符合現實、被我們放大和扭曲的，無法被檢驗。

我們化解憤怒，實際上就是把這些不符合現實的恐懼找出來並改正，讓我們的潛意識意識到這種情緒其實沒有那麼糟糕，同時保留那些具有現實意義的恐懼。

我們要破除頭腦中「A＝B，B＝C，所以A＝C」的關係。因為A到B只是機率事件，B到C也是機率事件，所以A到C，就是機率更低的事了。

比如不負責任：**「不負責任，就會傷害孩子，孩子將來就會怨我；孩子怨我，我就是一個**

失敗的媽媽；我是一個失敗的媽媽，就是一個失敗的人；我是一個失敗的人，別人就不喜歡我了；別人不喜歡我，我就……活不下去了。」

對孩子不負責任，就會傷害孩子嗎？不一定。比如說罵了孩子一頓，孩子此刻只是難受，並不一定會記到心裡，形成創傷。孩子的承受能力，遠比你想像的要強。長時間、大量的責罵，才會傷害孩子。其實是你太脆弱了。

即使傷害到孩子，孩子將來就會怨你嗎？不一定。誰的童年不是傷痕累累？長大後，有多少人會怨恨父母？其實是你自己的問題，或者你的父母對你不滿意，讓你怕極了被抱怨。

孩子怨你，你就是失敗的媽媽嗎？不能這樣說。媽媽的失敗，豈能因為孩子是否怨她而決定。孩子不懂事時，多多少少會抱怨媽媽，但並不影響她們依然是成功的母親。其實是你內心覺得自己各方面都做得不夠好，所以才會藉著孩子的抱怨，激起你覺得自己是個壞媽媽的感覺。

你是一個失敗的媽媽，就是一個失敗的人了嗎？這兩者沒有什麼必然關係。每個人不可能處處成功，一、兩個領域的失敗，完全不能泯滅自己在其他領域的成功。

你是一個失敗的人，別人就不喜歡你了嗎？不一定。失敗的人那麼多，難道都孤獨終老嗎？實際上是你不喜歡失敗的人，你就認為別人也不喜歡失敗的人。

這時你會發現，其實每個關聯，都是機率低的關聯，但我們潛意識裡會把它當成必然，然後感到恐懼。你意識到自己沒有對某件事、某個人負責任，便自動聯想到「活不下去了」，如果是這樣，確實挺可怕的。

轉化憤怒，實際上就是轉化恐懼。而轉化恐懼，就是去修改自己關於恐懼，那不切實際的內在邏輯。

自動產生的思考邏輯

一位同學說：「我老婆說話很難聽，吵架時，總喜歡拿我的弱點來貶低我。我現在只想躲著她，能不說話就不說話。」

這位同學憤怒，是因為他對老婆貼了一個「說話難聽」的標籤。而解決憤怒的方法之一，就是向對方學習：如果你說話比她更難聽、也拿她的弱點去貶低她，這樣你就可以反守為攻，讓她生氣了。

但這對他來說很難，因為他對自己的要求是「說話不能太難聽」。並且，這個要求背後還有一套自動產生的邏輯：我說話太難聽，就會傷害到我老婆；傷害到我老婆，我就是個壞人；我是個壞人，就不會被社會認同和接受，因而可能失去很多資源和機會。

當他覺察到自己的這套邏輯時，可以思考一下或許哪裡出了問題。

說話太難聽，就會傷害到老婆嗎？

不一定。不說話可能傷害更大。說話難聽的人，其實有對難聽話語的承受能力。這位同學把他老婆想像得很脆弱，但其實是他自己太脆弱，容易被難聽的話傷害，所以也這麼去想對方。

傷害到老婆，自己就是壞人嗎？

不一定。伴侶關係就像牙齒和舌頭，磕磕絆絆、產生摩擦很正常，與好壞無關。不給伴侶帶

來一點傷害，這是他為自己制定的一個苛刻的自我要求。

壞人就不被社會認同和接受嗎？

不一定。我對他說：「壞一點就不被社會認同和接受嗎？你老婆說話難聽，傷害了你，成了壞人，社會放棄她了嗎？她就混不下去了嗎？一個人說話難聽，即使這是缺點，但只要他有優點、能對社會產生價值，就還是會被社會接受，可以很好地活著。人不是必須非常完美才能被社會接受。即使你有的地方做得不足，但只要不對社會產生危害、沒有觸犯法律，還是會被社會接受的。」

自動化思考的五個特點

「自動化思考」是美國心理學家亞倫·貝克（Aaron T. Beck）提出的一個術語。當你憤怒時，你內心產生的關於「對方這麼做，就會怎樣」、「我如果這麼做，就會怎樣」的一系列聯想，就是自動化思考的一種。

自動化思考有五個特點：

特點一：快速

自動化思考是非常快的，一剎那就完成了。從你接收到刺激至憤怒的完成，你已經產生了大量的思維活動。

有一個例子可以說明人的思維到底有多快：據說人在跳樓或高空彈跳的時候，在那短短的幾秒鐘時間內，足以回顧完一生。

特點二：量大

自動化思考是一條思維鏈，經過大量的思維加工，可以得到一個特別遠的結論。一個動作，就能想出五十集電視劇。

有位同學對丈夫的出軌很憤怒，她內心一系列的聯想是：「我老公出軌是因為我太差，我不如另外一個女人，我會被拋棄，我整個人生都會特別的糟糕……」

特點三：不被注意

如果你不特別留意，自動化思考會一直開啟運行模式，不被你注意。就像我問你：「這一分鐘裡，你的心臟跳了幾下？」心臟其實無時無刻不在跳，但你卻很少意識到。

讓人憤怒的自動化思考就是這樣，你會跟著它做反應，卻很少刻意跳出來觀察它。

特點四：範本化

這一系列的思維過程，不僅導致這次憤怒的發生，實際上它在你很多次憤怒中都發揮了作用，是像範本一樣的存在。

比如說，你在對媽媽的控制感到憤怒時，所使用的自動化思考「只有顧及媽媽的感受，我才是安全的」，也同樣會在對孩子、伴侶和朋友憤怒時用上。

特點五：單一

在這條思維鏈裡，你不會去尋找其他可能性，而是完全跟著既有的思路往下走。比如，一位同學說：「我老婆特別愛抱怨，這讓我很生氣。」他的自動化思考鏈就是：「如果我抱怨，別人就會不喜歡我，就會離開我，我就會很孤獨。」

實際上如果你抱怨，別人不喜歡你、離開你，這每一項背後都有很多可能性。但自動化思考在流動時，便會陷入這一條線裡，完全不去考慮其他可能。

打破自動化思考

化解憤怒，實際上就是去思考、並打破自己的自動化思考。

打破自動化思考的第一步，就是辨識。你得先意識到：你的思路邏輯是怎麼搭建的、你聯想的後果是什麼、你恐懼的是什麼。而辨識其實很簡單：「觀察」。

當你憤怒時，可以先去注意自己對於對方的要求是什麼，然後問自己兩個問題：

- **如果他不去執行你的要求，而是按照他自己的方式去做，對他來說，後果是什麼？會有怎樣的影響？**
- **假如你向他學習，表現出了他正在表現的人格特質，對你來說，後果是什麼？會有怎樣的影響？**

有位同學曾向我表達她的憤怒：「我媽媽干涉我和男友的關係，並做出非常無理的行為，導致我和男友分手。」這位同學對媽媽貼的標籤是「非常無理」。

這時可以去問：媽媽如果這樣無理下去，對她會有怎樣的影響？無理對媽媽來說，有哪些不好？如果你像她一樣，也讓自己的行為非常無理，對你來說會怎樣？

然後就可以得到答案：媽媽無理，就會傷害到我；傷害到我，我就不想理她，也不想再管她了。她將來沒有女兒的陪伴，就會很孤單。我如果也無理，就會傷害到媽媽，她就會更無理；她如果更無理，她就會賭氣不管我，雖然她不會拋棄我，但在心理上她就會離我越來越遠，我會很孤單。

打破自動化思考的第二步，就是去做現實檢驗。有幾個方法可以幫你：

尋找可能性，讓思維從單一鏈條變成多種可能

說回上面的例子，你表現無理，媽媽除了會遠離你，還會有哪些舉動？她會一時生氣，但是會在別的事情上原諒你，也會拗不過你而妥協，等等，有很多可能性。

反過來說，媽媽無理，你真的會一輩子都不管她了嗎？其實你只是暫時想遠離她，但你們的關係終究會恢復。

找當事人核對

你可以在不憤怒時，找個機會直接問媽媽：「如果我變得特別無理，你會不管我嗎？會在心理上遠離我嗎？你會受傷嗎？會有多受傷？會持續多久？你會怎麼反應？」

透過與當事人核對，你可以更接近真實的現實。

找身邊的人探索

你可以與身邊不同的人探索你自動化思考的內容，他們會提供給你每一條思路背後不同的可能性，讓你僵化的思維靈活起來。然後你就會在眾多可能性中，選出最適用於情境的那個。

當你開始重新思考自己憤怒背後的邏輯，也就是自我限制的邏輯，去重新建構你頭腦中的邏輯時，你就會發現，自己之前一直活在一種不自知的恐懼裡。如此，你就開始體驗到了自由。**自由就是：內心不被限制，不會盲目恐懼。**這時你會體驗到更廣闊、更輕鬆、更愉悅的世界。你會發現，能激起你憤怒的人越來越少了。

看見他人的恐懼

當別人對你憤怒時，你也可以發現他內在的恐懼是什麼，然後與他一起探索他自動化思考的邏輯鏈。

一位同學說：「我的育兒觀念和老公的差異很大，他對孩子非常冷漠無情。」如果你是這位先生，你可以這麼操作，帶著好奇心去問問太太：「你能不能告訴我，你為什麼要給我們的孩子這麼密集的關注呢？我很想理解你，在你的世界裡，如果我們的孩子沒有得到足夠的關注，會怎樣呢？」

這時你就能夠理解老婆的恐懼是什麼了。如果可以在這個層面上進行安撫、討論、修正，結果可能就會是：她看到自己憤怒的背後是焦慮，並看到自己的焦慮是怎麼脫離現實的。她會意識到，其實自己不必那麼焦慮，給孩子那麼多的關注，有時，那反而是對孩子的一種壓力。或者你理解了她的恐懼，願意為了安撫她的焦慮做一些妥協，陪著她給孩子更多的關注。

當然，如果你看到了她內在恐懼的邏輯，你們還談不攏，越說越生氣，那就說明不僅是這件事帶來的憤怒，而是你們兩個人長期溝通模式的問題。

如果你想用這個方法去傷害一個人，可以透過好奇、同理、認同之後知道他的邏輯鏈，隨後再補一刀：「我一點都不同意你這個想法，真是幼稚！」

恭喜你：喜提炸彈一枚。

【思考與表達】

寫下你的一次憤怒經歷。是對誰產生的憤怒？發生了什麼？或者直接使用前面的憤怒案例。

1 找到你的憤怒背後，關於後果和恐懼的自動化思考邏輯鏈。

2 找到自動化思考的不合理之處。

3 體會一下：這帶給你什麼樣的感受？

相信你的「自然能力」

你就不會恐懼、不會累

累是因為「不信任」

憤怒與累有關：一個人越累，內在消耗就越大，對刺激的承受力就越低，越容易憤怒。而累與恐懼有關：越害怕糟糕的結果，越不得不強迫自己做些不喜歡的事，就會越累。所以深度解除憤怒的方法，就是「解除恐懼」——相信即使自己不強迫自己做正確的事，結果也不會那麼糟糕。這樣，你就不會這麼累了。

有人覺得：「你說得輕鬆。我可以不強迫自己照顧孩子，但孩子怎麼辦？未來怎麼辦？難道我要什麼都不做、什麼都不管嗎？我如果像孩子他爸一樣，不負責任、不認真工作，誰給我錢？我爸媽怎麼辦？房子怎麼辦？我放過自己容易，可是現實不會放過我啊。我這不是恐懼，這是事實啊！如果我不陪孩子寫作業，誰督促他？如果我不做飯、老公也不做飯，孩子就沒飯

吃啊。如果我不做家事，就沒人做家事，我能怎麼辦？」

聽起來事實好像是這樣，很多事情你不做，就會有不好的結果。但其實這裡有很多問題，其中最大的問題就是「不信任」。**一個人之所以把自己弄得特別緊繃，是因為他沒有信任的能力：不相信自己，更不相信別人。**

「自然能力」與「刻意能力」

一個人的能力，分為兩種：

- **自然能力。**
- **刻意能力。**

自然能力

「自然能力」是一個人在自然狀態下，不額外發力所呈現出來的能力。一個人在自然、自發狀態下，並不會什麼都不做。二〇二〇年Covid-19疫情爆發，居家工作、上學，你會發現，家務成了一些人的「愛好」。許多人退休後已經不缺錢了，但他們還是會利用閒暇時間去找很多事情做。當一個人有精力時，就會找事做。

你對某個東西充滿了好奇，想去研究它，當你從中獲益，就形成了工作。你被孩子的可愛吸引，特別想去為他做一些事，就在無形中幫助了他，構成了愛。

你在做這些事時，是自發的，所以是不累的、愉悅的，是在順道而行。

在自然能力的驅動下，人既不會不負責任，也不會沒有一點人情味。人只是按照自己力所能及的狀態在一步步地往前走，也許不是很快，卻是自己真實的速度。

刻意能力

「刻意能力」則是一個人用完了自然能力後，對結果還不滿意，又透過消耗能量的「意志力」來輸出的能力。

在自然能力的推動下，你也許是平均每週拖一次地，平均每十次有六次陪孩子寫作業，平均每十次有三次給孩子做飯，工作上每十次有六次能做到績效合格。但你不接納這樣的結果、覺得還不夠好，你就開始自我強迫了。

在刻意能力下，人的確會創造出更好的結果。比如，也許以你的自然能力，能在首都市郊買一間房子。但你透過熬夜加班、保持上進心，在刻意能力的協助下，就很有可能換屋到市中心內。在你自然能力的教育下，孩子或許只能勉強考上一所普通大學，但經過你刻意能力的調教，他或許就能衝刺第一志願。

所以一個人強迫自己，是有好處的。這個好處就是：他可以得到一個可能性內最優的結果。

但刻意能力使用得越多，人就越會自我強迫，同時也會越累、越消耗、越脆弱。而潛意識為了保護你，就會讓你的身體對煩心事喪失一定的興趣，讓你感到排斥，不想去做。

所以，特別努力把事情做好的人，總是易怒的。一個人有多努力，他就有多易怒。

不敢放下，是因為不相信

我們說的「放過自己」，是指放下刻意能力，轉而尊重自己的感受，盡量只使用自然能力。

一個人不敢放下，是因為他不相信自己。他不相信自己如果徹底放鬆，其實有一部分能量是想做家務的，還有一部分能量是想管孩子的，還有一部分能量在上進工作，因為這些都是人的本能。只不過你使用刻意能力太久了，讓你忽視了自帶的自然能力，讓你覺得好像自己的自然能力為零，如果不強迫自己，自己彷彿一無所有。

在自然能力的狀態下，你不是時時刻刻都想照顧孩子的，而即使如此，孩子也能活下來。但是在刻意努力下，你覺得你是在盡自己最大的可能把孩子照顧好，但實際上，只使用自然能力照顧孩子，效果也不一定差。

同樣地，一個人在苛責別人、要求別人委屈自己使用刻意能力時，這也是不相信別人的表現。對方在以自然能力做事，即使達不到你的要求，也未必會發生你所想像的後果。不信你離家出走一年試試。等再回到家，你就會發現家裡可能會很亂，但一點都不影響家人開心地生活，孩子雖然沒有被管教得很嚴格，但未必比你在家時過得更差。而你如果不相信當自己使用自然能力，也不會發生你所想像的最差的後果，就會強迫自己使用刻意能力。

破除出軌中的不信任

我們再來談談常見的「婚內出軌」問題。

一位同學說：「我老公出軌了，我很憤怒。但我不想離婚，卻又過不去心裡這個坎。所以在接下來的日子裡，我總是會有意無意地找碴，來發洩自己的憤怒。」

出軌是個普遍的社會性話題，每個人對於出軌的理解都是不一樣的。經過訪談，我發現她對丈夫貼的標籤是「不自律」。她對丈夫的要求是「你必須自律」。同樣我們知道，她對自己的要求也是如此：在婚姻內，我必須自律。

於是我問她：「結婚這些年，你都做了哪些自律的事？」

經交流後，我發現，她的自律不僅僅是指從一而終的堅持，更是要求自己與其他異性保持一定的距離。於是我繼續與她探索，她聯想出關於不自律的影響是：「如果我不自律，我就想放棄。如果我想放棄，我的婚姻就會破碎。如果我的婚姻破碎，我就覺得很沒面子，別人就會嘲笑我、看不起我。」

顯然，這個邏輯是有問題的，因為在這個例子中，包含了大量的不信任。

第一個不信任：「如果我不自律，我就想放棄……」

如果你不強迫自己自律，你真的會放棄這段婚姻嗎？不一定的。你不離開可能是因為對先生還有感情，只不過你用了刻意的自律，掩蓋了感情的衝動。這是對自己的不信任。

你可能會想到他其實還有些別的好，還有其他值得你留戀的地方。比如說，對你還算體貼、賺錢給你花、幫你解決一些現實的問題，這是對方的自然能力。想到這些的時候，你會猶豫，到底要不要放棄。

所以，即使你不用自律來強迫自己維持婚姻，也會找其他的動力來維持，比如「他有些地方是不錯的，我現在離不開他」這樣自然而然的動力。而「我應該自律，不應該輕易離婚」則是帶著委屈的刻意動力。

一個是自願選擇，一個是「你對不起我，我卻還在為你付出」。那麼，你所感受到的憤怒也是不同的。

第二個不信任：「如果我想放棄，我的婚姻就會破碎……」

當你去觀察就會發現，大多數出軌的男人只是在尋求一種刺激，然後心存不會被發現的僥倖。因為如果他真的想離婚，根本不會掩飾自己出軌的行為。

所以你想放棄婚姻，但你的丈夫不想放棄，他就會採取保證、發誓、道歉或是補償的方式來挽回。而婚姻有一方不放棄，就不會破碎。

第三個不信任：「如果我的婚姻破碎，別人就會看不起我……」

就算離婚是件糟糕的事吧，你為人善良、工作有能力、長得漂亮、風趣幽默、憨厚老實……這些都是你的自然能力。你只要保持這些自然能力，即使婚姻失敗了，別人也未必輕視你，甚至還有很多人會喜歡你呢。

你不相信自己的自然能力，就覺得在喪失了刻意能力後，別人會看不起你。

相信你的「自然能力」

放下刻意能力的部分，自然能力的好處才會顯現。以自然能力而非刻意能力去做事，你的抱怨就會減少，心甘情願會增多。你與事情之間就會變成滋養的關係，會越做越歡喜，效果也越來越好。

不要感覺到害怕。不要覺得如果你不努力、不強迫自己、不委屈自己，就會有糟糕的結果。嘗試相信你在自然狀態下，也有好的結果，絕非什麼都做不了。

【思考與表達】

寫下你的一次憤怒經歷。是對誰產生的憤怒？發生了什麼？或者直接使用前面的憤怒案例。

1在這次憤怒中，你對於對方的要求是什麼？

2在這次憤怒中，你對於自己的要求是什麼？

3如果你放下這部分要求，在自然狀態下，你能做到和想做的會是什麼？效果會怎樣？

4如果你放下了對於對方的要求，在自然狀態下，你覺得對方能做到和想做的部分會是哪些？效果會怎樣？

5對此，你的感受是什麼？

憤怒是一種「創傷」
小時候的恐懼，一直遺留到現在

從小到大的固著

以上講的方法，其實都是從認知上做改變。有些人會覺得：「道理我都知道，但是要做到卻很難。」的確很難，因為邏輯並非一朝一夕形成的，我們從小就使用。自動化思考的範本已經用了幾十年，怎麼能輕易改寫呢？

- 控制別人就會傷害別人，我就是個壞人，就沒人喜歡我了，我會很孤獨，就活不下去了。
- 不上進就會被淘汰，我就會變得平凡，就不被人喜歡了，我會很孤獨，就活不下去了。

當你打開憤怒的水龍頭，你的自動化思考就像水一樣嘩啦啦地往外流，非常自然，難以改變。我喜歡把這樣的邏輯叫做**「刷牙邏輯」**。

晚上準備睡覺，已經躺在床上了，突然發現沒刷牙！「哎呀，糟啦！沒刷牙就會有細菌，有細菌就會有蛀牙，有蛀牙就會爛牙齒，爛牙齒就沒辦法吃飯了，沒辦法吃飯就會餓死啦！太恐怖了！所以，今晚我沒刷牙，將來有一天我就會餓死！」於是嚇得趕緊起來刷了牙。

如果理性思考，我們會發現這個邏輯並不成立。但在生活中遇到此類事情時，感覺這樣的邏輯又很自然，因為理性與感受在認知問題上是脫節的。

那麼，人為什麼會在感受層面上，有這麼深的固著呢？這是因為你從小就是被這麼教育的。有人無數次告訴你這就是真理，然後就被你內化吸收，形成了固著。

遲到背後的恐懼

小時候，當你違反了一個規則，就會有人給你異乎尋常的懲罰。

比如說，「遲到」這個問題。如果孩子上學遲到，老師會罵他、讓他罰站，同學會嘲笑他、以異樣的眼光看他。透過懲罰，小孩學會了如何掌握遲到的分寸，會知道在什麼情況下遲到、晚到多久是安全的。透過社會反饋，他學會了摸索與社會相處的邊界。但是在社會還沒有教會他以前，父母會提前給他更大、更重、更早的懲罰，讓他早早種下恐懼的種子。

從叫孩子起床開始，媽媽就夾雜著煩躁、焦慮，不耐煩地催、哄、恐嚇，並用眼神、語氣、表情告訴孩子：遲到是一件多麼恐怖、多麼不應該、多麼嚴重的事。然後每當他有遲到的可能時，媽媽都會先行給予懲罰。

這時孩子不遲到的動力就開始轉移了。他不是害怕被老師罵而不遲到，而是害怕被媽媽催促、害怕失去媽媽的愛、害怕被她拋棄，才不敢遲到。對孩子來說，比挨老師罵更恐怖的，是失去媽媽的愛，所以就內化了「人不能遲到」的規則。他對於遲到的恐懼，要遠遠超出現實中遲到的危險，也無法被現實檢驗。

當他長大後，就會對自己和他人的遲到問題異常敏感。寧願不吃早餐、開快車、催促吼叫孩子、打罵孩子，也要盡力避免讓孩子遲到，並成功地把這個規則傳給下一代。

因為這些小事，與潛意識裡對於遲到的恐懼比起來，都不算什麼。孩子也容易以此類推：人不能遲到，並且人必須認真，必須做好應該做的事，人一定不能犯錯，一定要遵守規則……

許多人以為，「正確的」才是安全的

一個人不敢不照顧別人、不敢控制別人、不敢不負責任，也是同樣的原理。

對於這樣的人來說，小時候，他如果沒有照顧媽媽的感受、不懂事，就會受到懲罰。他要是

敢先顧著自己玩，把媽媽晾在一邊，他會發現，有一種危險正在一步步靠近，直到他不敢坦然地玩耍，還得時刻觀察媽媽的臉色。這時，他就學會了「我不能讓別人不開心」的規則。

「自覺」的養成也是同樣的原理。小時候你必須主動做事情，才是安全的。你如果不積極、自覺地做好家務，那糟糕了，媽媽有一百種方法讓你害怕、讓你感覺到不被愛、讓你充滿恐懼。

「認真」也是。小時候你如果寫作業不認真，比如總是心不在焉地轉鉛筆、玩橡皮擦，或是頻繁地上廁所，媽媽就會一直盯著你、數落你，一次次地糾正你，直到你不敢做小動作為止。而且你從行為上假裝順從也是沒有用的，被媽媽發現後，她會繼續念你，直到你在觀念上深深地認同她，她才滿意。

在這個過程中，你漸漸就發現，你必須做那些自覺、上進、認真、熱情等正確的事情，不能把輕鬆、快樂放在第一位。你必須遵從正確原則，才是安全的，才是有可能被愛的。

對很多人來說，他們小時候都是這樣的：愉悅的是危險的，正確的才是安全的；享受是危險的，自我強迫才是安全的。而他們潛意識裡認為，安全的動力要大於享受的動力，所以人會為了求生存的安全，不敢輕易去享受。

識破以愛之名，對你的「馴化」

有許多人不記得媽媽懲罰過自己，覺得她們其實是愛自己的。其實很多時候，媽媽的動機，的確是出於愛，但這不影響她所用的方式形成你的恐懼邏輯。

比如說：

眼神與表情

有些媽媽很能自我克制，很理性。她們也知道，打罵孩子是不對的。甚至她們每一句話都在表達：「媽媽愛你呀，這跟你沒關係的。」但是她們的眼神和表情，卻非常生動地傳遞給孩子「不開心」。

對孩子來說，媽媽的不開心，就足夠懲罰他。

失望與威脅

媽媽會用言語表達失望，會直接告訴你不應該這麼做、應該那麼做。不然她們就會很失望，會告訴你「白養你了」。有些媽媽不僅會用言語，有時還會用言語暴力、肢體暴力告訴你，如果你不怎樣，就會怎樣。

這時，孩子為了不讓媽媽失望，就一次次地妥協。即使他不願意，行動上仍然會一次次遷就媽媽的要求。

忽視

有些媽媽也不說什麼，但就是忙，沒時間管教孩子。即使她在你身邊，也是在忙自己的事情。這會讓你覺得，一定要做點什麼才能被關注。做什麼呢？你會發現上進、優秀、主動做家事、媽媽傷心時安慰她、變乖、變聽話，就可以得到她的一點關注。

犧牲

媽媽很能付出。她很操心你，不管是學習、還是生活。她會為你做飯、洗衣、餵藥，十分體貼，並且看起來不求回報。有時還會告訴你：「只要你開心就好。」但看著媽媽的犧牲，孩子並不能承擔得起。這時，孩子也必須把自己放到犧牲的位置上，才能與媽媽的犧牲平衡。

比較

這樣的媽媽不會直接對孩子下手，但是她會讓你目睹弟弟妹妹、鄰居小劉不聽話的後果，先讓你心生恐懼。雖然你沒有被懲罰，但你目睹了別人不服從就會被懲罰的後果。

所以，很多優秀的孩子雖然沒有接受過嚴重的懲罰，但其實他們內心也有創傷，因為他們深刻地知道，一旦自己不夠努力、不夠服從，後果將會是什麼。

媽媽可以用愛之名，對你進行各種馴化。

憤怒背後的千瘡百孔

有個備受爭議的精神科醫師叫楊永信，曾經用「電擊療法」，專治各種不服從、不聽話、不好好念書、不上進的孩子。如果有孩子的行為不符合規則，他就會使用電流電擊的方式去懲罰孩子。

我看過關於楊永信的一則採訪。孩子們假裝聽話是沒有用的，假裝得太明顯，還是會被電擊，直到孩子不再反抗，深深地認同他所說的「應該」，才能活下來。放棄自己的想法，屈從於他的想法，才是這裡的孩子唯一的生存之道，這是何等的絕望啊！

很多文章抨擊楊永信的做法。我看到這樣的報導，也覺得慘無人道，深惡痛絕。然而我更感到悲哀的是，其實很多家長都知道裡面發生了什麼，卻依然求著楊永信收留自己的孩子。這些家長認為如果孩子能變得聽話、能「走上正道」，受點苦、受點疼，是應該的。

楊永信只是一個有人出錢購買的工具，是一種需求市場化的結果。就好比殺手殺了人，固然可恨，可是僱用殺手的那個人呢？同樣也可恨。

絕大多數父母其實都沒有勇氣把孩子送進去，但他們的眼神、言語、動作、行為，對孩子來說，效果和性質都與電擊大同小異，這會讓孩子形成一種「習得無助感」。

電擊一隻狗，狗會想跑，但是狗被鎖在籠子裡。經過無數次電擊之後，狗就絕望了，當打開籠子門，再次電擊，狗就放棄了逃跑，無奈而順從地在那裡接受著被電擊的命運。

人也會經歷這種絕望。小時候，你不得不遵守爸爸媽媽設定的規則，這是你的生存之道。等你長大後，你都意識不到爸爸媽媽已經不能控制你、也不能懲罰你了，就像你意識不到籠子門已經打開了，但是那種恐懼感一直還在，你還是一如既往做著同樣的事，執行著同樣的規則，一直延續下去，並且要求伴侶也如此、要求孩子也如此。世世代代，往下循環。

這，就是我們憤怒背後的恐懼來源。每一個易怒的人，背後都千瘡百孔，都有一個被管控、被強迫的童年。

愛的同時，也在傳承恐懼

有人又會說：孩子就教不得了嗎？如果這樣都能帶來創傷，那還怎麼教？的確，教育必然會帶來創傷。因為人的本性是無法無天的。我們必須為他們建立一定的社會規則，才能讓他們在社會上生存下來。

教育孩子，就像是「馴化」孫悟空的過程。孫悟空的天性，是上天入地、無法無天的，他的很多行為都不符合社會規則，他的成長，便需要社會化，把尖銳的稜角磨平。但在這個過程中，你是把握不了這個分寸的。一個家庭，不允許有兩套規則，你在社會上如何使用你的求生規則，就會將其原封不動地傳給你的孩子。對這個世界，你有過多少恐懼想像，也會傳承給孩子同樣的想像。世界上大多數的媽媽都愛自己的孩子，但這並不影響愛的結果是以傷害來呈現，不影響以愛的方式傳承了恐懼。

覺察憤怒背後的規則

放過孩子，本質上來說就是鬆動他的規則。而鬆動他的規則，首先要去鬆動你的規則。也就是說想要放過孩子，首先要放過自己。

所以，當你憤怒時，你可以先去覺察：

- **你對自己的規則是什麼？**
- **你的規則是怎麼形成的？**
- **你從小到大是怎麼執行這些規則的？**

當有人對你憤怒時，你也可以反過來好奇他的童年：

- **他對你的要求是什麼？**
- **這個要求是如何形成的？**
- **他小時候經歷了什麼，讓他必須這麼做？**

這時你就知道，他憤怒背後的恐懼是怎麼形成的了。

【思考與表達】

找到你的憤怒標籤，回憶一下你的童年：

1與這個標籤有關的往事，你能想起哪些？

2當你表現出這個標籤的時候，你的父母曾經怎麼對待過你？

3他們是否與你談論過，或者和你說過有關這個標籤的話題？是如何談論的？

4鄰居的孩子、你的兄弟姊妹是否有過表現這個標籤而被懲罰的經歷？

5生成下面的句子，大聲朗讀，並體驗一下你的感受是什麼：

·我從小就不得不＿＿＿＿＿，我只有＿＿＿＿＿才是安全的，我才能被愛。

證據是＿＿＿＿＿。

6 愛：

因為我愛你，所以你也要愛我

憤怒是一種「需要」

我很可憐，需要被愛

憤怒是因為「需要被愛」

人在憤怒時，會對他人有一種強烈的要求：「你應該變得負責任、聽話、勤勞、守承諾、上進、節儉、有禮貌、寬容……總之，我覺得什麼是對的，你就應該去做什麼。」

然而你有沒有想過：

- **你為什麼要對他有這些要求呢？**
- **他做不做這些，跟你有什麼關係？**
- **即使別人錯了，你為什麼要拿別人的錯誤來懲罰自己？**
- **你為什麼會這樣不理性呢？**

如果憤怒毫無好處，沒有人會主動拿別人的錯誤懲罰自己。畢竟，世界上自私、不上進、不認真的人那麼多，難道你都要生氣嗎？

無論你的憤怒是什麼、無論你想改變對方的是什麼、無論你希望對方怎麼導正價值觀，人選擇憤怒，背後的獲益一定比帶給自己的傷害更大。憤怒最終的導向一定是：他是付出者，我是受益者。

憤怒背後渴望的獲益就是：「愛」。憤怒是因為「需要被愛」。愛是什麼？愛是體諒、認同、關注、重視、尊重、支持、幫助、保護、看見、接納……一個人憤怒，是因為這些需求沒有被滿足。他越憤怒，就越說明愛之於他的匱乏。

我需要孩子體諒我

一位媽媽說：「我很憤怒，孩子快六歲了，還是很愛哭，稍不如意就開始大哭。」

六歲的孩子哭，是多麼正常的事情。哭就哭吧。他哭，你為什麼憤怒呢？在我看來，這位媽媽對孩子貼的標籤是「無能」。她認為，哭是無能的表現。可是，孩子無能，對你的影響是什麼呢？你為什麼要憤怒？別人家六歲的孩子無能，也沒見你憤怒呀，相反地，你可能還會偷著樂吧。

在這位媽媽的憤怒背後，她所使用的邏輯是：「你無能，我就得照顧你；你哭了，我就得安

慰你。但安慰你真的是一件很麻煩的事。我已經夠累了，還不能休息，我還有那麼多事要做，也沒辦法做，這讓我很煩。」這時，孩子的無能就給媽媽帶來了利益損害。這位媽媽真正的憤怒其實是：你居然給我添麻煩！

所以，這位媽媽對孩子憤怒的真正原因，並不是因為孩子無能或愛哭，而是孩子給自己添麻煩了。那麼，不被添麻煩又是一種怎樣的愛的需求呢？——「體諒」。

這位媽媽的憤怒是在說：「求求你，體諒體諒我吧！我真的好累，你別再哭了。」她內在有一個希望被體諒的需求，而她六歲的孩子並沒有滿足她，所以她很憤怒。然而，這位媽媽不能直接面對自己的這個需求，因為這個需求會讓她感覺自己很過分，**潛意識就會把這個需求外化，變成可以被接納的要求：「你不要有無能的表現，我這是為了你好。」**

這樣聽起來就比「你要體諒我」舒服多了。

孩子才是最容易滿足媽媽的人

媽媽為什麼不能允許六歲的孩子給自己添麻煩呢？六歲的孩子，本來就很煩人啊。六歲的孩子，的確也沒有能力和義務去體諒自己的母親。是這位媽媽太累了。她覺得：「我每天已經夠煩了，工作多、家事多，老公也不怎麼體諒我，公司主管也不體諒我。我這麼辛苦，都沒有人來幫我一下，我都快放棄了。」

對於這位媽媽來說，她想要的體諒，在生活中一直都沒有得到滿足，所以才不得已地把需求伸向六歲的孩子，因為在孩子這裡是最容易、最有可能索取到的。

一個人越在意你，你就越容易利用憤怒來威脅他，從他那裡得到滿足感。而在這個家庭系統中，六歲的孩子才是最在意這位媽媽的人，也是最容易滿足她要求的人。

憤怒背後，是「愛的匱乏」

無論你對誰、對什麼憤怒，只要去追問，都可以找到其背後實質性的影響。

有人說：「我不需要他照顧我、不需要他滿足我。只要他離我遠一點，別說傷人的話，就可以了。」這句話中透露出的期待是：「他不要說傷我的話。」

表面看來，你需要的是界限。但沒有實際的界限，他是怎麼傷害到你的呢？他說了傷你的話，只是發出一些聲音，讓周圍的空氣產生震動。具體來說，是怎麼傷害到你的呢？

你的內在邏輯可能是：「他說傷人的話，就會打擊我的自信心，就會讓我覺得自己特別沒有價值。」反之就是：你需要他按捺住自己的看法、咬緊自己的牙齒、壓抑自己的主見，來保護你的價值。

這時你需要的愛就是尊重、認同和保護。

此時此刻，你需要他來保護你的價值，這說明你的價值感在日常生活裡已經很薄弱了，在其他地方，你也得不到認同，所以當對方一旦否定你，你的價值感就完全坍塌了。而此刻對方是最應該保護你價值感的人，你就把被認同的需求指向了這個否定你的人。

所以，**無論你對別人的憤怒是什麼，最終你都可以找到一種關於愛的匱乏。**即使你憤怒的事情看起來與你無關，比如說，明星出軌、路人隨地吐痰、電視劇裡的反派作惡多端，只要你去感受大腦中的想法和邏輯，總能找到其中對你的影響。

你把自己代入了某個角色，彷彿自己的利益也受到了侵犯一樣，對侵犯你利益的人充滿憤怒。電視劇中出現的在重男輕女環境下長大的角色，經常讓觀眾憤怒，是因為觀眾代入了自己不被尊重的感受。

憤怒只是解決匱乏感的方案之一

憤怒的人，就像是飢餓已久的人看到食物一樣，有一顆想撲上去狼吞虎嚥的心。並不是食物導致人飢餓，但看見食物，卻能刺激人的飢餓感。也就是說，並不是當下這個人刺激了你，讓你感到憤怒，而是你內在一直以來的匱乏，讓你察覺到目前這個人是最容易、最有可能、最應該滿足你的目標。

憤怒在說：

- **求求你，滿足我一直以來的需求吧！**
- **別人不愛我，我也不愛我，但你能不能愛我?!你必須愛我。你再不愛我，我就要餓死了！**

而且你內在越匱乏，對一個人的憤怒就越強烈。

你對陪伴越匱乏，就越會計較伴侶幾點回家、每天在忙什麼、跟誰在一起。反過來說，如果你正忙著與一位散發魅力的對象約會，才沒有時間考慮伴侶幾點回家呢！你對重視越匱乏，就越會計較對方有沒有送禮物、是否及時主動給你打了電話，也會越計較每次冷戰，到底是誰先低頭、誰先放下身段。你對認同越匱乏，就越經受不起批評和指責，越會對被否定進行劇烈反抗。

憤怒不是問題，憤怒只是解決匱乏感的方案。深度解決憤怒，實際上就是去解決你的匱乏感。當你有方案EFGH來應對內心匱乏時，會發現憤怒只是其中的一種方案。而當方案EFGH解決了你的匱乏感，你也就不需要什麼憤怒了。就像發燒一樣，發燒只是自我保護的一種手段，不是一個需要被解決的問題，需要解決的是殺滅病毒和細菌，甚至是改變睡眠、飲食習慣的問題。盲目使用止痛藥是很糟糕的，正如盲目壓抑和發洩憤怒是很糟糕的。

表達需求的兩個難處

但你很難向對方坦白自己對愛的需要，其中有兩個難處：

● **你很難意識到自己的需要。**當你憤怒時，你會沉浸在「對方不應該這麼做」的感覺裡，而不會去注意「我需要什麼」。

● **即使你意識到了，也很難說出來。**因為直接向對方表達自己內心對愛的需要，會顯得很卑微。

這時，潛意識就需要對你的憤怒進行一點偽裝。其中有兩種偽裝的方式：

- **「這是你應該做的。」**你不是為了我去做，你是為了真理而做，為了成為一個正常人而做。「孩子就是應該聽話」、「學生就是應該學習」、「伴侶就是應該顧家」、「員工就是應該好好工作」，你這麼做，是因為真理本來就是如此。
- **「我是為你好。」**不是我想讓你這麼做，是你的未來需要你這麼做。你去做對的、應該的、好的事情，在不久的將來，就會得到大量的利益、和諧的關係、成功的事業。然後你做了這些，我只不過是順便得到一點好處而已。

憤怒在許多時候，的確是出於為對方好的目的，尤其是很多媽媽對孩子的憤怒，她們的確是出於對孩子的愛，但這不影響憤怒也同時是「為了自己好」。憤怒可以滿足自己內在的一些匱乏之感。只不過這些媽媽，只表達了對孩子好的目的，卻無意識地隱藏了對自己好的願望。

憤怒的人也經常說：「我對你憤怒，是因為我在意你啊。」這句話其實只說了一半，憤怒的人沒有把後半句說出來：「我在意你，是因為我很需要你。我很在意你是否滿足我的需求、在意你是否照顧我的感受。我都這麼需要了，你為什麼還不愛我？」

憤怒，就是「我很可憐，需要被愛」的吶喊。

【思考與表達】

寫下你的一次憤怒經歷。是對誰產生的憤怒？發生了什麼？或者直接使用前面的憤怒案例。

1找出這次憤怒中，你給對方貼的標籤、提的要求。並進一步思考，在這個要求背後，對應著你對愛有怎樣的需要？如果對方做到了，帶給你的滿足感是什麼？如果對方沒做到，帶給你的匱乏之感又是什麼？

2在這部分匱乏之中，除了他的缺位之外，還有什麼是你未被滿足的？

3思考關於這個部分，你平時是如何感到匱乏的？

4生成下面的句子，並大聲朗讀，體驗一下你有什麼樣的感受：

·如果你——（**標籤**），我就可以感覺到——（**所匱乏的**），我就被你愛了。

雖然你想要，但他為什麼得滿足你？

沒有理所當然的關係

關係中的悲哀

憤怒在說：我很需要你。我很需要你做那些讓我舒服的事情、很需要你照顧我的感受、填補我內心的匱乏感。

雖然你在悶悶不樂地生氣，或者聲嘶力竭地生氣，甚至你半帶乞求地生氣、連哄帶威脅地生氣，你用了很多方法在生氣，但你還是會發現，你那麼需要他，但他就是滿足不了你，甚至不想滿足你。

一段關係裡的悲哀，莫過於此：想要，卻得不到。

既然你這麼痛苦、這麼不滿意，為何不離開對方呢？雖然你改變不了這個人，但起碼可以保護自己呀。

他可能是你的孩子，雖然他無法變成你想要的樣子，但你就是無法離開他；他可能是你的伴侶，你考慮到諸多現實因素無法離開；他可能是你的公婆、老闆等，你有很多理由無法離開他們。

憤怒中，比想要更痛苦的就是：要不到，卻又離不開。

既然離不開，那就和平共處吧。不要再抱有期望。學會自我滿足，學會從別的地方尋找滿足感。這樣起碼好受很多，可是你卻學不會，還是會忍不住期待他能給你尊重、關懷、幫助。

這就是你在關係裡更大的悲哀：離不開，卻又放不下。

想要維持這段關係，就想想辦法吧。只要肯動腦，辦法總比困難多。你可以去閱讀有關溝通方法的書籍，可以去請教朋友，可以上網學習與人相處的辦法……可是動腦學習就會花時間、耗費腦細胞、花錢。為了省下這些，你就只能像嬰兒那樣張嘴要奶：「因為我想要，所以你就得給！」

這就是你在關係裡，更大的悲哀：需要，卻不動腦，而只是理所當然地要。

關係中的「理所當然感」

然而，還是得不到。此刻匱乏的你、飢餓的你，就像溺水的人在掙扎、撲騰，結果每次都絕望地掉得更深。

你掙扎的手段，就是在不斷給他灌輸：**「你應該。」**

- **「因為他錯了，他就應該改。」→是的，但他為什麼要改呢？**
- **「因為人人都應該那樣，所以他也應該那樣。」→是的，但他為什麼也要那樣呢？**
- **「因為我對他有很多不滿意，所以他就應該做。」→是的，所以呢？**
- **「因為我想要，所以他就應該給。」→是的，但你憑什麼呢？**

你每次都指責得非常對，我也百分百同意你。當他讓你不滿意時，他就是錯的、就是壞的、就是應該改的。

可是「應該」有什麼用呢？如果「應該」有用，那大家一起建立規則就好了。我們把規則制定好，人人遵守，天下和諧。可是只要他不同意你，他就不想改。談論「應該」，是沒有意義的。你很憤怒，你想爆炸，你恨得牙癢癢，你想懲罰他、拋棄他，然而還是沒有用。

「理所當然感」，是關係的一大殺手。理所當然感越強，你對於對方的憤怒也會越強。

他為什麼要為你改變？

世間所有的憤怒，其實就是一句話：你想要那麼多，然而你卻不配。如果你覺得自己很配，就會理所當然地去要了。但實際上在對方的潛意識裡，他覺得你不配他為你犧牲，所以他就沒有給，然而你卻不服，所以你就憤怒了。

因此，憤怒實際上是因為太看得起自己了，好像自己真的值得對方為你犧牲那麼多似的。

為什麼是犧牲呢？你要知道，如果你的要求是讓人舒服、愉悅的，對方早就去做了，不用你教育他「應該」如何。別人之所以寧願看你憤怒、被你罵，也不願意去做、去改變，是因為這對他來說是一件痛苦的事。

既然是痛苦的：

●他為什麼要去做呢？

●他為什麼要為你犧牲呢？

●他為什麼要改呢？

●只是因為你想要，所以他就得改嗎？

與其問他為什麼不改，不如問他為什麼要改。對方不想為你改變是很正常的，為你改變反而顯得有些不正常。

改變的兩個動力

人之所以會改變自己，無非是基於兩個動力：

● **趨利。**

● **避害。**

如此簡單、直接、耳熟能詳的動力，卻很少有人去細細琢磨。比如說，你為什麼那麼喜歡改變自己？常常健身、加班、負責任，是因為你的潛意識知道，如果我不變美，就沒人喜歡我了——避害。如果我變優秀，就會有更多的人喜歡我——趨利。至於事實上會不會有這些壞處或好處並不重要，重要的是，你只要這麼認為，就會主動改變。而對方不在乎這些結果，或不同意這些邏輯，就不會主動改變。

掌握了這個規則後，如果你想讓他真正改變，就要從他的世界出發，思考他的邏輯：

● **如果他忍受痛苦而改變，會有什麼大於他這份痛苦的好處？**

● **如果他不去忍受痛苦改變，會有什麼大於他這份痛苦的壞處？**

這就意味著你要去思考，你有什麼籌碼，可以誘惑他、威脅他，讓他願意忍受改變的痛苦。

把這個問題想明白了，你就可以真正改變一個人了，甚至可以去改變任何一個人。這個問題想不明白，你再憤怒、再生氣，也是沒有用的。

你改變別人的「籌碼」是什麼？

這個問題，需要問你自己。

講道理有用嗎？能曉以利弊時是有用的，但如果你的道理打動不了對方，就是沒用的。指責有用嗎？有些時候是有用的，但如果你的指責嚇唬不到他，也是沒有用的。除了顯得你很凶、證明你很情緒化、表明你很強勢之外，也改變不了他。

付出有用嗎？有時候是有用的。付出之所以有用，是因為你透過自己的付出，增加了在他心裡的重要性，他更怕失去你而想對你好。但你的付出，他隨時可以放棄，這就沒有任何用了。

變優秀有用嗎？有時候是有用的。他覺得靠近你，也跟著沾光時，是有用的。但如果你的優秀對他沒有任何價值，你就算精通八國語言也改變不了他。

那做什麼是絕對有用的呢？——「理解別人」。

理解別人看待某件事的內在邏輯是什麼、怎麼形成的，他在意什麼、擔心什麼、喜歡什麼，他為什麼這麼做、為什麼不那麼做；其中，他的獲益是什麼、改變的阻力是什麼。

但是理解別人，是一件費時、費力、費心、費腦的事，想來你也沒那麼大的興趣去做。畢竟，你沉浸在自己的需求裡，還在嗷嗷待哺呢。

理解了他，他還是不改變怎麼辦？**理解只是第一步。第二步就是：他怕什麼，你就可以拿什麼去威脅他；他想要什麼，你就可以拿什麼去跟他做交換。**

只要籌碼夠多，不怕別人不改變。但問題是，你有這個籌碼嗎？

關係中的「交換」，或說「互相」

好的一面是，如果你願意重新思考「憑什麼」、「我有什麼籌碼」，你就有了改善關係的方法。壞的一面是，有些人總覺得交換的愛不是真愛，關係不應該以交換為前提。我想說的是：「都是愛。你之所以認為交換來的不是愛，是因為你一直在渴望一種無條件的愛。」

先不說對方憑什麼要給予你無條件的愛。就算對方給了你，你敢要嗎？要了就會產生依賴，你敢依賴嗎？你不怕哪天對方突然撤走了，你就什麼都沒有了，這個結果，你接受得了嗎？

交換的關係，其實才是平等、穩定的。如果你不喜歡交換這個詞，可以用別的詞來代替，比如「互相」。

互相支持、互相幫助、互相理解、互相認同、互相關心、互相愛慕……

【思考與表達】

寫下你的一次憤怒經歷。是對誰產生的憤怒？發生了什麼？或者直接使用前面的憤怒案例。

1找出這次憤怒中，你的需求是什麼，並寫下他應該滿足你的需求的理由。

2你如何看待這個理由？

3嘗試站在他的角度去思考：如果他滿足你、為你做出改變，對他來說有什麼壞處和損失？有什麼好處和收穫？

4他如何看待這個好處或壞處？這是他想要的嗎？

憤怒是一種「付出」

「我為你雪中送炭，你願我家破人亡」的悲哀

前面講過，憤怒是一種需要。你需要別人照顧你的感受、滿足你的需求、給你想要的愛。但別人卻沒有為你做，你就憤怒了。

是「付出感」讓你這麼憤怒

然而在以下情況中，你就不會這麼憤怒：你知道你的需要是自己的事，跟別人沒關係。你知道別人願意滿足你是情分，不願意滿足你是本分，這時你頂多會覺得無助、孤獨，感嘆世態炎涼，卻不太會對別人憤怒。當你對別人憤怒時，一定是因為覺得他「就是應該」為你做，他欠你的。那麼，「他虧欠你」的這個值得感是從哪來的呢？很大一部分來自付出感。你覺得你為他人付出了很多，可是你的付出卻沒有得到足夠的重視和相應的回報，這時你就會感到委屈，繼而憤怒。

一個人憤怒時，首先是覺得自己為對方付出了很多，有一種很強的付出感。

一位同學說：「昨天晚上吃飯時，我對老公說我的頭有點痛，是不是感冒了？但他只是埋頭吃飯，臉上沒有一點表情，也不說話。我就用抱怨的語氣跟他說：『欸，難道我是在對空氣說話嗎？我覺得你對我好冷漠呀，一點也不關心我。』」

聽到這樣的表述，我感到有些好奇：你在吃飯的時候，也這麼需要被關心嗎？

然後她繼續說：「我一直都深深地記著一句話：『原諒別人就是愛自己。』可是他十年來愛熬夜、愛喝酒、愛撩撥其他女孩，經常深更半夜才回家，週末一定是在外面打麻將，導致我們很少在一起度過週末。想到這些，我還是無法原諒他。」

聽到這些，我有點理解她了。原來十年以來，她都是這麼不被愛，卻還執著地沒有放棄。可是這能構成先生要關心她的理由嗎？

她接著說：「五年前，他被檢查出得了肝癌。這五年，我陪著他輾轉各地去看病，我真的很疲憊。我內心告訴自己要去原諒他，可是我無法真正做到。」

這時，我才找到了她的憤怒如此強烈的原因：十年前，你對我如此不堪；五年後，你得了重病，我為了給你治病，不顧你對我的冷漠，拚盡一切去照顧你。在這樣的情境下，我還在堅持著付出，你居然還不關心我。我能不委屈嗎？能不心痛嗎？

如果先生只是冷漠地埋頭吃飯，不會導致這位同學這麼憤怒。十年的愛搭不理，也不會導致她這麼憤怒。在這個過程中，她為丈夫付出了一切，盡了她作為一個妻子所有應盡的責任，但對方還是冷漠，不願盡一個丈夫的責任，這時，她才會如此的憤怒。

單純的傷害，並不會讓人那麼憤怒。但是「我為你雪中送炭，你卻願我家破人亡」，這才是最讓人憤怒的。

當付出期待回報

付出，是一件很可怕的事。當你在付出，你同時就會期待回報。你每付出一分，都會在潛意識裡期待著對等、甚至更多的回報。對方沒有給予你相應的回報，你就會憤怒。

期待回報，很多時候完全是無意識的。你覺得自己是自願、不求回報的，但潛意識層面還是會渴望回報。比起對方給你的物質感謝，你更渴望的可能是感激、認同、重視等心理層面的回報。

比如說，你在安養院做志工服務老人三個月，當老人在接受你的服務時，表現得理所當然，你就會忍不住憤怒。你雖然會說自己不求對方回報什麼，但其實你會期待他能回報你看見、感激和認同。換個角度，如果你領著高薪受託在安養院照顧老人，對老人的挑剔和理所當然，你就會變得容易承受，憤怒也會少得多。

有人會在被辭退時感到憤怒，是因為他覺得自己為工作付出了很多。如果他感覺本來就沒替公司創造什麼價值，在被辭退時就不會這麼憤怒了。

你越為一個人付出，就越渴望對方重視你。所以付出感，其實就是為憤怒做準備的。**當一個人對你憤怒，我們就會知道：他覺得他為你付出了太多。**

付出感的形成

憤怒是因為有付出感。那麼，付出感是怎麼形成的？

我們做一件事，可能會有兩個動力：

● **為自己做。**

● **為他人做。**

如果一件事，你是為自己做，那麼你在做的時候就會無怨無悔，任勞任怨。自己選的苦，一點都怨不著別人。

然而，我們做一件事的時候，如果感覺是為別人而做的，就會形成一種付出感。這時你做的這件事，就會成為你對他人憤怒的憑藉。

比如說「上進」。你為什麼努力上進呢？如果你只是為了滿足自己上進的需求，就不會對他人產生期待。你自己想體驗榮華富貴、想名揚天下，就會為了自己的理想去努力，你很清楚這是你自己的目標，跟他人沒有關係。這時你為了上進即使再苦、再累，也會心甘情願地接受。

但是，一旦你上進是為了別人、為了家庭，那麼你的上進就會形成一種付出感。

同樣地，你要求自己做事認真、負責、勤勞、照顧孩子，都是為了給這個家帶來方便，那麼

你在做這些事的時候，就會有很強的付出感，你也就很容易感到憤怒。

在面對孩子寫作業的問題時，一個殫精竭慮的媽媽，要比一個很少操心的爸爸更加容易憤怒。如果她認為孩子是自己的，那自己辛苦就好了，怨不著別人。但是，她一旦認為自己在替孩子的爸爸分擔著一部分任務，她就容易感到憤怒了。

當看到有人破壞環境時，一個經常提醒自己愛護環境的人，要比一個從來不愛護環境的人更加容易憤怒。如果你愛護的是自己家的環境，你就不會憤怒；但是你愛護的是公共環境，是有利於他人的，你就變得容易憤怒了。

因此，人在憤怒時，潛意識裡會有這樣的想法：

- 我為你做了這麼多，你為什麼不願意滿足我？
- 我都做了這麼多了，你為什麼不願意做呢？

付出感是對他人「理所當然」的憑藉

當我們對別人的控制感到憤怒時，內心深處同時會有一個聲音說：「我已經忍你很久了，為什麼你還是這麼過分？」這句話的意思是：「我一直在遷就你，你為什麼不給我一點遷就？」

如果你是因為自己沒膽才不反抗，你就不會憤怒。但你覺得自己的忍耐是為了不想與對方發生衝突，怕傷害到對方，那麼你的忍耐就變成了一種付出感，你就開始容易憤怒了。

對於一件事，我們越覺得是在為對方做，就越覺得自己付出了很多，這時便越期待對方也跟自己一樣付出。可是對方通常沒有我們付出得多，我們就會有巨大的不公平感，進而覺得自己很委屈，所以就憤怒了。

對於一件事情或一個人，我們投入得越多，就會越在意，也就越渴望得到期待的結果，這是人的本能。你精心呵護一朵花，還會希望它能盛開呢，更何況精心對一個人付出呢！

所以在一個家庭裡，你會發現最會抱怨的那個人，恰恰是最能幹的。現實中或許他不一定是最能幹的，但他一定會覺得自己是最能幹的。是付出感，給了一個人「理所當然」的憑藉。

解決這個問題的方法，就是去問問自己：「你做這些，到底是為了誰？」

對這個問題的思考，可以讓你拿回屬於你的責任：你想做，就自己去做，不必非拉著別人一起。你覺得你是為了別人做，但得先問問別人需不需要。你做了什麼，也從來不是別人回報你的理由，因為你完全可以選擇不做。

你的付出，不是別人回報的理由

你付出了很多，對方為什麼沒有回報你認同、關注和同等級的付出呢？

第一個原因：雖然你付出了很多，但對方未必會這麼需要

這時你的付出，甚至會被對方認為是索討、逼迫，甚至是傷害。

比如說，你替孩子報了十堂補習班的課，覺得這是為孩子的將來著想；你每天為家裡做很多事，讓自己很累，你覺得有一半是伴侶應該做的，但你卻在替他做。你覺得自己付出了這麼多，甚至特別的委屈，然而孩子和伴侶卻很有可能對你的行為不以為然。

比如說，你特別上進，努力地為家裡賺錢，但是你的伴侶可能覺得你這是自私地沉迷於工作，忽視了家人。你把家裡的地板拖得一塵不染，覺得自己勞苦功高，家人卻可能覺得在這樣的環境裡生活很拘謹。

付出不一定是對別人好，還有可能給別人造成傷害。

第二個原因：你在付出A，卻期待對方回報B

我做了家務，你要回報我體諒；我一直給你做飯，你要回報我孝順；我帶你看病，你要回報我其他關心。**「我做了……你要……」**我希望你能做點別的，滿足我的心理匱乏。

比如說，你給某人錢，而在給錢之前，你不說你想要什麼，對方當你做公益捐款就收下了。當對方收下後，你又說「我想要這個和那個」，對方就會覺得有些莫名其妙，不願意給你想要的，然後你就生氣了：「我都給你錢了！你為什麼不給我想要的！」

你在物質和現實層面上為別人付出，常常會要求別人在心理和關心層面上回報你。在某種程度上，這是一種強買強賣，是很難實現的。

你始終要知道，無論你付出了什麼，都不是別人要回報你的理由。因為，你完全可以不做。在你自由的基礎上，既然你選擇了做，那就是為自己做，而不是為別人。

【思考與表達】

寫下你的一次憤怒經歷。是對誰產生的憤怒？發生了什麼？或者直接使用前面的憤怒案例。

1回憶並寫下這次憤怒中，你為憤怒的對象付出了很多的三個證據。

2寫下你希望他回報你的是什麼。

3你如何看待你的這些付出和回報？

4生成並寫下這樣的句子，然後大聲朗讀，並體驗一下你的感受：

·我為你付出了＿＿＿＿，你要回報我＿＿＿＿！

愛自己的第一步

停止刻意付出

辨識兩種付出：「存在付出」與「刻意付出」

存在付出

一個人在最開始的付出，通常都是心甘情願的，這是愛的本能。一個人的內心有愛，就充滿了能量，就有付出的渴望。這時你的付出，並不會計較對方是否回報。

這些付出，叫做「存在付出」。存在付出就是一個人在愉悅、自由、輕鬆的狀態下，完全自願的付出。他沒有刻意做什麼，只是在做自己，他只是跟著自己的感覺在做事，做了讓自己開心的事，順便讓別人得到了好處。

比如說，你看到路邊有一隻流浪的小貓，就想餵食物給牠；看到老人過馬路，就想攙扶他；

看到朋友有難，就想去幫助他；看到心動的異性，就想對他好；看到小孩哭了，就忍不住想抱抱他；看到家裡地板上有垃圾，你很自然地就撿了起來。這時，你的存在就是一種付出。

刻意付出

然而，人的付出是有一個舒適值的，在這個值之下的付出是自願和愉悅的，然而一旦超出這個值，人就得刻意地去做，再繼續下去就是自我強迫了。這時的付出，就是「刻意付出」。

刻意付出就是一個人內心深處其實並不想做，但出於有利於將來、有利於關係、有利於利益的考量，或出於責任、道德等原因，不得不選擇委屈自己，運用理性刻意而為的付出。

是「刻意付出」讓人憤怒

你請一個喜歡的女孩吃了一頓大餐，她並沒有刻意回報你什麼，也沒有表現出願意做你女朋友的意思，但你依然會感到很滿足，並不會憤怒。這時你的付出，就是存在付出。但是，如果你每天都請她吃大餐，她還不和你約會，你就會憤怒了，因為這時你的付出，就是刻意付出。

你去安養院當志工，老人挑剔你的付出，當你感到不舒服時停止付出，最多只會體驗到失望，並不會憤怒。但當你感到不舒服時還勉強地繼續照顧老人，這時你對他們的挑剔，就容易產生憤怒。

你教孩子寫作業，剛開始可能會很開心，覺得可以在孩子面前展示一下自己的智慧，這時你

的付出是愉悅的，我們說這是存在付出。但是隨著時間的推移，你會發現孩子的認知和你的不一樣，這讓你感到不舒服。如果這時你果斷地放棄教他寫作業，就不會憤怒；但是，如果你依然忍著情緒，使用理性繼續輔導，那麼這時你的付出就是在自我強迫了。

一位同學說：「我對我的朋友很憤怒。他和我出去吃飯時總是很霸道，不顧別人的感受，只點自己喜歡吃的。雖說只是吃飯，沒什麼大不了，但我心裡總是覺得不舒服。」

我們基本上可以判斷，是他請朋友吃飯，這裡面包含了這位同學大量的付出。如果是朋友請這位同學吃飯，那他朋友吃自己喜歡吃的，就沒什麼好憤怒的了——人家自己花錢埋單，吃點自己喜歡的理所當然。這位同學的付出，最多是接受他朋友的這頓飯。

如果他請的是一個特別喜歡的女孩，女孩點的都是自己喜歡吃的，他也會覺得女孩很可愛，並不會感到憤怒。畢竟是他特別想和人家一起吃飯，這是他自己的需求，也沒有多少付出感。這時，就是存在付出。但如果他本身並不太情願請朋友吃飯，他就很容易憤怒了，因為他已經在照顧朋友的感受而請吃飯，朋友卻不照顧他的感受。這時他的付出，就是刻意付出。

所以，**其實付出得不到回報，是不會讓人憤怒的。強迫自己付出卻得不到回報，才會讓人憤怒。**

刻意付出是消耗和犧牲

存在付出，是滋養人的。你發自內心地對一個人好，就會有滿足感、價值感，會感覺自己是一個豐盈的人，並體會到人生的意義。這時，每當你去做，你就會很感動。

而刻意付出，是消耗人的。你內心不喜歡這個人或這件事，還要強迫自己去做，就會對結果非常在意，就想透過最小的消耗，得到最好的結果。**刻意付出的本質，就是「犧牲」**，犧牲自己的愉悅感、輕鬆感，犧牲自我，去滿足別人。

既然是犧牲，就會有怨恨。刻意付出是辛苦的。一個人在辛苦的時候，會格外需要對方的分擔和照顧，這時潛意識就在說：

- 不要再操勞我了！我不想再犧牲了！你快來照顧我一下吧，我快不行了！
- 我強迫自己做這些事，都是為了你。我為你付出了這麼多，你怎麼不回報我呢？你怎麼不來滿足我的需求呢？你怎麼不做點事情，來讓我好受一些呢？

為了自己更想要的東西，委屈自己

對於憤怒者，需要重新思考的是：既然不想犧牲，為什麼要去做呢？真的是為了對方嗎？明明很累了，卻還得照顧孩子的睡眠和飲食，看起來是為了負責任、為了孩子；明明不想做，但因為不想吵架、不想讓對方不開心而不得不做，看起來是為了對方、為了和諧。但其實你會發現，所有刻意付出的背後，都是為了自己：你有一個更想要的東西，所以選擇了委屈自己。

你勉強自己去照顧孩子，是在成全自己的好媽媽形象，來緩解自己的內疚；你勉強自己加班，是為了給主管留個好印象，好讓自己工作得更長久；你勉強自己借給別人錢，是怕失去關係，這

說明你比對方更需要這段關係。**你的付出，是為了別人好，但更是為了成全自己、為自己好。**

所以當你憤怒時，要去問自己：「你覺得，你為對方付出了什麼？這些付出，真的是你心甘情願的嗎？還是你也違背了自己的本心，做了不想做的事。如果真的是這樣，有哪些事你是為了自己而做的呢？」

練習照顧好自己的感受

當你憤怒時，是因為別人會用一種技能，而你不會。這個技能就是：照顧好自己的感受。

● **「自己的感受，大於責任。」**也許你認為有很多應負的責任，但有些人就是會把自己的感受放在第一位。他覺得不舒服、不喜歡的事，就不去做，即使所有人都覺得那是應該的。

● **「自己的感受，大於對錯。」**也許你認為人應該有是非對錯，是的，我同意你。但有些人就是會把自己的感受放在前面，自己是否舒服，大於自己是否做得對。

● **「自己的感受，大於對方。」**對很多人來說，他們很在意對方是否開心，為了不讓對方失望而選擇委屈自己。但在意自己感受的人會覺得：「我固然希望你開心，但我不會犧牲我的開心，來讓你開心。」

● **「自己的感受，大於和諧。」**也許你認為和諧很重要，但在意自己感受的人就會覺得：「沒有衝突固然重要，但是如果不衝突的代價，是選擇讓我感到更不舒服，那我寧願跟他發生衝突。」做出這樣的選擇，就是愛自己。**愛自己，就是照顧好自己的感受，減少並停止刻意付出。**當你能做到照顧好自己的感受時，你對別人的需求就不會那麼強烈了。這時，你忍受別人不去滿足你的耐受力也會大得多。你的憤怒，也會因此而減少。

當然，我並不是說每個人都要自私地活著，否則這個世界由誰來創造？危難之時，由誰來擔？我們的消防員、醫護人員、警察，難道都要為了自己的感受，不去付出嗎？

貢獻是一種美德，但從來不該是強迫來的。如果你從貢獻中體會到的意義感大於其他，你選擇留在第一線，本身就是在照顧自己的感受。**選擇自己真正想選擇的，就是在照顧自己的感受。**

【思考與表達】

寫下你的一次憤怒經歷。是對誰產生的憤怒？發生了什麼？或者直接使用前面的憤怒案例。

1找出這次憤怒中，你為對方做了什麼？有哪些是不想做、但又不得不去做的事？你是怎麼違背自己內心真實感受的？

2你的這些付出，從哪個角度來說是為了對方？從哪個角度來說是為了自己？

3對此，你有什麼樣的感受？

4為了照顧好自己的感受，你可以為自己做些什麼？

父母欠我的，你要還給我

過去的匱乏，現在索討

小時候帶來的匱乏

透過付出換來愛，本身也沒有問題。我們想要被愛，企圖透過付出換來被愛的可能，這是多數人都會用的方法。然而痛苦的是，你的付出經常沒有愛的回報，於是你就憤怒了。你憤怒，是因為你不甘心，你還想要。

一個人有多憤怒，就表明他對愛有多渴望。所以憤怒的人不僅可恨，更是可憐，因為他太需要被愛了。他就像溺水的人必須掙扎一樣，缺愛時必須憤怒。

當我們看到一個人憤怒的背後，是缺少愛，就可以從更深的層面去思考：憤怒的他，為什麼會這麼匱乏愛呢？

因為從小就匱乏啊。

當一個人缺愛，他不僅是現在缺，是從小到大都缺。一個人從呱呱墜地開始，但凡有人能給他足夠的愛，他就能內化出愛的能力、就能學會尋找愛的方法、就會相信愛，而不會陷入不被愛的匱乏感之中。

給予愛的，最初是母親，後來是家人，再來是學校、社會，再後來是摯友、伴侶、心理師等重要他人。**我們常說原生家庭影響人，實際上是一個人在原生家庭中沒有得到足夠的愛，成長過程中也沒有得到來自他人的愛，這時就會導致一個人的內心匱乏。**

嬰兒會對父母有一種天然的應得感，覺得父母就是應該給自己無條件的愛。當嬰兒沒有得到愛時，就會感到恐懼，為了防禦這種恐懼，便會發展出對父母的恨，而這就是一個人憤怒的原型。嬰兒會企圖透過恨，再次掌控父母，獲得愛。

但不是在所有家庭裡，憤怒都是被允許的。

當一個家庭不允許孩子對父母表達不滿，孩子為求生存，就不得不再次把憤怒壓抑下來。這麼說並不意味父母不愛孩子，只是不同的父母表達愛的側重會有不同，那麼一個人所內化進自身的愛、創造愛的能力、自我修復的能力也會不同。

一個人體驗到的匱乏感越強烈，他的自我修復能力就越弱，就越需要別人成為他理想的「父母」，來重新照顧自己的虛弱。

所以當一個人憤怒時，我們就知道，他有一些早年未被滿足的情感需求，轉移到了當下的客體身上。

希望他人來填補自己的早年匱乏

有位同學說：「我很辛苦地下班回家，老公卻還在睡懶覺，沒有為我準備晚飯，我感到非常生氣，而且這種情況發生了不只一次。我也跟他溝通過，說希望我回家之後，他能準備好飯菜，但他就是不聽。」

這是一件很簡單的事：先生沒做飯。從現實層面上來講，這是一件很日常的事，但這件事卻激起了這位同學一個巨大的心理創傷：她覺得丈夫的行為是自私的，她所需要的愛是關心，需要先生為自己做飯來展現。

雖說夫妻之間應該相互關心，但似乎不被關心也是很多夫妻生活的日常狀態。**你是一個獨立的成年人了，不被另外一個人關心又會怎樣？**你為什麼這麼需要另外一個人的關心呢？因為被關心，是她一直以來的願望啊。這位同學從小到大都沒有被關心過。她內在有一個渴望被關心的小女孩，一直都沒有長大。

另一位同學說：「我家在農村，從小爸爸媽媽都很忙，家裡的孩子也多，他們根本照顧不過來。我經常被媽媽罵，而且她罵得很難聽，使我從小就特別在乎媽媽的眼色。」

父母忙，這本身就是對孩子的一種忽視。經常罵孩子，這是對孩子的一種更大的忽視。在這種家庭氛圍中，她基本上不可能得到關心。那為了得到關心，能做些什麼呢？就只能力所能及地為家裡多做些事，以此換來微弱的被關心的可能性。於是，這就可能形成這位同學的兩個模式：

- **渴望被關心，但從來沒得到足夠的關心。**
- **用付出換取被關心，也一直沒得到滿足。**

所以，對於被關心的渴望就保留了下來。長大後，她走入親密關係中，這種渴望被一次次地激起，她想從伴侶身上重新獲得關心，以填補小時候的匱乏。此外，她還會採取「為家庭付出很多」這種她所熟悉的方式，來換取關心。

所以，**一個人在憤怒背後所渴望的其實是：早年沒有得到的滿足，希望另外一個人來填補。**

我的匱乏是什麼？

可以觀察一下自己：當你憤怒時，你對於對方愛的需求是什麼？

如果你需要對方尊重你，那麼說明你可能從小到大都沒有被好好尊重過。你內在有一個渴望被尊重的小孩一直在呼喊著，想要得到足夠的尊重。你的父母可能對你充滿了要求、指責、控制，而且不問你願不願意。

如果你需要對方體諒你，那麼說明你可能從小到大都沒有被好好體諒過，沒有人關心你過得艱不艱難。你的父母更多時候喜歡「使用」你，他們需要你幫忙做家事、幫忙照顧弟弟妹妹，

需要你做很多瑣碎的事，但是卻從不體諒你到底累不累。而這些時候你的內在，一直都有一個渴望被充分體諒的小孩在奮力掙扎。

如果你需要對方認同你，那麼說明你可能從小就在一個被否定的環境下長大，總認為自己做得不好。或者你只有在成績好、表現乖的時候，才能被肯定。一旦表現不出相應的特質時，你隨時都有不被認同的危險。你的內在，一直都有一個渴望被看見、被認同的小孩，等待著被重新滋養。

如果你需要對方重視你，那麼說明你可能從小在父母眼中，就沒有得到過足夠的重視。父母或許很忙，覺得工作更重要，或者並不歡迎你的出生，覺得其他孩子更重要。這時你的內在，一直都有一個小孩在發聲質問這個世界：我是重要的嗎？

所以**當你憤怒時，恰好又是一個機會，去問問自己：「從小到大，我缺少的是什麼？是怎麼缺的呢？」**

憤怒是一種自救

人的身體會隨著時間逐漸成熟，但是內心卻不會與之同步。人的內心只有得到充分的愛的滋養，才能健康成長。如果沒有得到，它就會一直停留在某個年紀，等待著被重新滋養。

人一次次的憤怒，就是一次次對愛的呼喚。一次次的呼喚，就是一次次對修復自己的渴望，人渴望重新滋養自己、療癒自己。所以憤怒，其實也是一個自救的方式。只不過這種方式，難以被人識別。面對你憤怒的人，除非他受過專業的訓練，能透過憤怒，去看到你背後關於愛的渴望，不然他只會感受到被你攻擊、剝奪。這時，他不僅無法給你想要的愛，而且還會反擊你，讓你再次體驗到被錯誤地對待，感到自己不被愛。

這個過程就是「勾引」。人會使用憤怒「勾引」另外一個人再次錯誤地對待自己，讓自己再次體驗到不被愛。再次體驗到不被愛的好處，就是可以再次看到那個無助的自己。如果你把內心深處脆弱的自己隱藏了起來，不去面對，你的潛意識會拉著你一次次重新回到當時的情境裡，讓你不得不再次面對，這樣，才有被修復的可能。

這也是憤怒的兩個作用：

- **向別人索討愛，嘗試重新修復早年匱乏的愛的創傷。**
- **「勾引」別人錯誤地對待自己，重新體驗早年不被愛的創傷，看見無助的自己。**

憤怒的意義，就是回到早年的情境裡，重新安撫那個沒有被好好愛過的小孩。這時你可以問**問自己：「現在我可以為你做些什麼呢？」**

【思考與表達】

寫下你的一次憤怒經歷。是對誰產生的憤怒？發生了什麼？或者直接使用前面的憤怒案例。

1在這次憤怒中，你需要的愛是什麼？

2寫下你從小到大匱乏這些愛的三個證據。

3試著讀出下面的話：

・我需要你＿＿＿＿（**關心、體諒、重視……**）我，因為從小到大都沒有人真正＿＿＿＿（**關心、體諒、重視……**）過我。

4對此，你的感受是什麼？

終極答案是「愛自己」
願你擁有憤怒的自由

自己滿足自己

原生家庭並不是導致匱乏的唯一原因。我們自己後期沒有去填補自己的匱乏，也是很重要的原因。就像是一個人很窮，到底是什麼原因導致的呢？

至少有三個原因：

- **原生家庭的經濟條件不好，沒有出生在富貴人家，沒有含著金湯匙長大。**
- **時運不濟，沒有生長在一個遍地是黃金的時代。**
- **自己沒有採取一些有效的措施，發展出相應的能力，靠自己的能力賺錢。**

前兩者是外在原因，自身沒有辦法決定，只能認命。但第三個是內在原因，足以在某種程度上改變貧窮的狀況。

愛自己的終極答案，就是自己滿足自己。如果沒有人能給你想要的愛，那麼你就要學會自己愛自己。

無論你多麼渴望被愛、多麼需要對方，遺憾的是，對方就是在很多時候都無法滿足你的需求。無論你的理由多麼恰當、正當、充分，也很遺憾，對方很多時候還是無法按照你的要求去做。你也曾嘗試過用憤怒要求別人，但還是會失敗。只要你把自己的需求寄託在對方身上，你就不得不面臨這樣的風險：**你的需求，有時候就是無法被滿足。**

以憤怒向別人索討愛，終究是一種依賴。即使要到了，也是不穩定的。而自己滿足自己，才是最穩定、最可靠的途徑。

自己滿足自己，很多人聽起來會覺得特別的無力、孤獨、有壓力，覺得這太難了。也有些人會困惑：「自己滿足自己，和他人給我的滿足，是一樣的嗎？」

還真不一樣。

一個懂得愛自己的人，對別人的愛不會那麼執著。

你需要別人認同你，但你認同自己嗎？

如果你因為別人的不認同而憤怒，那麼首先我要問：你認同你自己嗎？

一位同學說：「我老公總是挑剔我，嫌我碗洗得不乾淨、地板拖得不乾淨、孩子帶得不夠好。這使我非常憤怒。你覺得不好，你來做啊！你憑什麼什麼都不做，還來挑剔我！」

這位同學對丈夫貼的標籤是「挑剔」。在她的憤怒背後，需要的愛是「認同」，她其實是需要來自丈夫的認同。

也許這是事實，先生的確不認同你，你想要的愛落空了。可是我們來反思一下：先生的認同為什麼這麼重要？經過探索後發現，這位同學首先自己也不認同自己，才會對丈夫的不認同這麼敏感。

她是一名家庭主婦，對她來說，做家事、帶孩子，是她價值感的唯一來源。她為自己不能去工作、不能賺錢、不能創造社會價值而失落。而這時先生挑剔她所做的事，無疑就是在她自我價值感本來就很低的基礎上，做出了最後的致命一擊。**其實是這位同學先對自己進行了無數次的否定，讓丈夫的指責成了壓死自己價值感的最後一根稻草。**這時，這位同學對自己無能的憤怒，就全部轉移到了丈夫身上。

這就很有趣了：你一方面自己嫌棄自己，一方面又期待對方不要嫌棄你。可是，即使對方不嫌棄你了，甚至稱讚你，會有用嗎？這些微弱的認同，能抵消你強大的自我嫌棄嗎？

對於這位同學來說，真正滿足認同需要的出路，並不是由不被先生挑剔來實現，而是透過自我認同，才能實現。雖然自己無法在外工作，但是做家務和帶孩子的能力與價值，並不比在外工作的丈夫低。當她能夠認同自己這部分的貢獻時，她就有自信要求丈夫停止挑剔。

當你開始認同自己家庭主婦的這份工作後，先生再挑剔你做得不好，你就有自信去挑剔他：「你就賺這點錢，還好意思說我做得不好?!」這時，你也就不會那麼容易憤怒了。

你需要別人體諒你，但你體諒自己嗎？

還有位同學向我訴說她的委屈：「我為孩子、為這個家付出了很多，特別辛苦，但老公總是在玩手機、看電視，從來不體諒我，甚至還經常跟我吵架。」

我問她：

- **你體諒你自己嗎？**
- **你每天在自我犧牲的時候，體諒到自己的辛苦了嗎？**
- **當你覺得辛苦的時候，是會告訴自己別做了，還是會把事情放在比自己更重要的位置上，堅持去做呢？**
- **你在意自己的感受嗎？你是更在意自己的感受，還是更在意事情做得怎麼樣呢？**

溝通後，我發現，這位同學其實根本不懂得體諒自己。她有很多的「應該」：孩子應該照顧好、父母不應該對孩子發脾氣、地板應該保持乾淨、家人應該在家吃飯、接送孩子不應該遲到、逢年過節應該給父母親戚送禮……這些道理其實沒問題。但不是所有對的事都應該去做，而且，應該做的事也不可能全部做得完。何況，你在做這些對的事情時，體諒過不想去做的自己嗎？

這些事情，先生為什麼不做，反而在玩手機？因為他很體諒自己啊。他很快就接納了自己做這些事時的侷限，絕不勉強自己。所以丈夫無法理解她的辛苦，因為他從來不讓自己辛苦。這位同學也無法理解先生的愉悅，因為她從來不敢讓自己放棄這些「應做的事」，而優先選擇愉悅。所以，並不是丈夫故意不體諒她的辛苦，而是無法理解她的辛苦。同時，先生體不體諒她真的不重要，重要的是，這位同學從來不曾體諒過自己。

怎樣才算體諒自己的辛苦呢？——**自己的感受，比事情更重要。**如此，你就不會過於介意先生是否體諒自己了。

你需要別人尊重你，但你尊重自己嗎？

一位同學說：「我媽喜歡規劃我的人生、錢財和婚姻。」他對媽媽貼的標籤是「控制」。他說：「我希望媽媽能尊重我的意見。」

我問他：「你尊重自己的意見嗎？」

其實，你不喜歡媽媽規劃你的人生，你完全可以拒絕。你自己的生活節奏也很重要，值得被尊重。別人的尊重，都是從你的堅持而來的。**如果你願意重視自己的想法，沒有人能把他的想法強加於你。**

我見過很多在不同的關係中需要被尊重的人，其實他們才是最輕視自己的人。每當他們的利益和想法與別人發生衝突時，他們第一個放棄的就是自己。那麼，你都這麼不尊重自己了，你怎麼能指望別人來尊重你呢？

你始終要知道：只有尊重自己的人，才能真正贏得別人的尊重。

你需要別人保護你，但你懂得保護自己嗎？

一位同學說：「在Covid-19疫情爆發時，我對相關部門的反應遲鈍感到特別憤怒。」

在這些憤怒背後，他缺失的愛是什麼？這位同學說：「某些人的工作做得不到位，導致病毒大範圍擴散，影響了我的正常生活，給我帶來很多不便，甚至有被感染的風險。」可以看到在這些憤怒的背後，他需要相關部門做好自己的事情，完成對他的照顧和保護。他需要的是被照顧和被保護。

但是他人工作的失誤，是我們無法控制的。我們想要被照顧和保護，只能轉向自身，尋求自我滿足。

自己滿足自己的方式，其實就是自己保護自己：你可以在被要求居家隔離後，在有限的空間裡，盡可能地做你能做的事，根據環境做調整，讓自己的生活保持正常秩序。這樣，你的憤怒值就會降低很多。

只要你願意為自己的需求負責，有足夠的能力照顧好自己，你就不太會對他人的照顧不周那麼憤怒了。

愛自己，才是不再憤怒的終極答案

如果你為別人做的某些事而感到憤怒，你只需要問自己兩個問題：

●**在我對他的期待中，我有哪些獲益？我想要什麼樣的愛？**

●**在我希望別人為我做什麼的時候，我為自己做了嗎？我可以怎樣實現？**

別人照顧你固然好，但是當別人沒有照顧你時，你可以照顧好自己嗎？你要知道的是：照顧好自己，比別人照顧你，更重要。

愛自己，才是不再憤怒的終極答案。

【思考與表達】

寫下你的一次憤怒經歷。是對誰產生的憤怒？發生了什麼？或者直接使用前面的憤怒案例。

1在這次憤怒中，你需要的愛是什麼？

2你是怎麼忽視了它？

3你還可以為自己做些什麼？

【附錄】

「憤怒分析表」及使用指南

【Tips】

・填表時，+A、-A、-F、L分別代表以下含義：

「+A」為正面標籤：自律、勤奮、無私、負責任……

「-A」為負面標籤：自私、懶惰、不自律、控制……

「-F」為負面感受：委屈、無助、絕望、恐懼……

「L」為愛：關心、重視、支持、尊重、認同、接納……

・請先閱讀表後的「使用指南」再填此表，邏輯上會更清晰。

憤怒分析表

事件：

標籤：

1 評判

1 你這就是（-A），我說了算！

2 你（-A）就是錯的，不應該的，你必須同意我！

3 我認為，＿＿＿（人／角色）就是應該（+A）的，你必須按這個規則生活！

2 期待

4 我對你的要求就是必須（+A）！

5 我不喜歡（-A）的你，你只有改成（+A），我才滿意！

6 如果你不按我的要求變得（+A），我就懲罰你！

3 自我要求

7 我對自己的要求就是必須（+A）！我只能（+A）！

8 我不喜歡自己（-A）的一面！絕不允許自己（-A）！

9 即使一直（+A）讓我感覺很（-F），我也只能（+A）！

4 情感連結

10 我一個人（+A）很（-F），你憑什麼可以坦然（-A）！

11 你必須跟我一樣也（+A），也感覺很（-F），我就心理平衡了！

12 我爸爸／媽媽經常感覺到很（-F），我想跟他們一樣。

5 恐懼

13 我認為，人只有（+A），才是安全的、被愛的。

14 我從小就不得不（+A），證據是＿＿＿＿。

15 我要求你必須（+A），這是我對你的保護！

6 愛

16 如果你（+A），我就可以感覺到被（L），我需要你（L）。

17 我這麼（+A），有一部分就是在為你付出，所以你必須回報我（L）！

18 從小到大都沒有人給我（L），你要替他們補償我，給我（L）！

使用指南

自我探索

「憤怒分析表」，既可以幫助自己探索憤怒，又可以幫助他人探索憤怒。當你想自我探索時：

第一步：寫下讓你感到憤怒的事件

你怎麼了？對誰有憤怒？什麼時候？發生了什麼？嘗試著把令你憤怒的事件用一、兩句話概括，並且在寫下來的過程中，做好心理準備。你需要整理你的思緒，使能量往回走。此刻，你決定去看看在你的憤怒背後，隱藏的是什麼。

做一次憤怒分析，概略探索需要十分鐘，細緻探索需要三十分鐘以上。

第二步：找標籤

找到讓你憤怒的標籤，你怎麼理解他人的行為。憤怒中，我們對他人貼的幾乎都是負面標籤，標記為-A，比如他很自私、懶惰、控制欲強、不上進、不自律……這些負面標籤都可以找到一個反義詞，變成正面，正面標籤標記為+A，比如為別人著想、勤奮、自律、尊重別人……

第三步：填表

表中有三個需要代入的項目：「標籤」、「負面感受」、「愛」。首先，你需要把找到的標籤+A和-A填入表格。其次，在填的時候，你可以感受一下在憤怒背後，還有哪些負面的、脆弱的情緒，填到-F裡，

比如說委屈、壓抑、孤獨、焦慮……感受自己在這種情緒裡，所期待的背後的愛和需求是什麼，填到L裡。

第四步：抄寫並調整

「抄寫」也是一個感受、鞏固的過程。如有讀著不通順的地方，可以自行修改，調整語句，使表達順暢。「憤怒分析表」並不是固定、一成不變的格式，所有句子僅僅是參考。你可以根據自己的感覺適當地調整，進而形成一個你自己能理解的表格。

第五步：朗讀並感受

「憤怒分析表」分為六大句，每大句之中有三小句。如果你想概略探索，可以一大句為一個段落，讀完一個段落後，停下來感受一下。如果你想精細探索，就需要每朗讀一小句後，停下感受。

「讀」是必要的。你可以在心裡讀，可以大聲讀，也可以用反覆抄寫的形式讀。形式有很多種，重要的是，你需要在反覆咀嚼的過程中，感受這句話背後所表達的含義。

你可以這樣填寫：

讀完第一小句的感受：

讀完第二小句的感受：

讀完第三小句的感受：

……

整體的感受是：

第六步：決定

讀完這些後，你有哪些發現？又有哪些新的決定？試著把這些寫下來，看看你可以怎樣更好地愛自己。

幫助別人探索

「憤怒分析表」，不僅可以探索自己的憤怒，還可以幫助你身邊正在憤怒、經常憤怒、不喜歡自己的憤怒的人，去處理他們的憤怒。

第一步：邀請並介紹

首先，你需要邀請對方進行探索。不是每一個正在憤怒的人，都想去理解自己的憤怒。你需要詢問對方的意願，並邀請他對自己的憤怒多一些瞭解。

這個過程中，你可以向他介紹「憤怒分析表」，讓他對此有一些瞭解，進而願意配合你完成探索。需要注意的是，幫助別人的探索，一定要基於別人的意願，而不僅僅是你的一廂情願。

憤怒分析，需要建立在一定的理性基礎上。因此，你需要等對方的理性多於憤怒時，才可以去探索。如果他還沉浸在憤怒裡，你就需要先採取認同、同理、引導等方式，幫助他發洩一部分憤怒。

第二步：好奇，並傾聽故事

他發生了什麼？什麼讓他憤怒？他對誰憤怒？你可以好奇他身上發生的故事，請他講述。然後你可以讓他用一句話概括這次憤怒，而後將其填在表裡。

你可以試試這樣的問句：

你怎麼評價對方這個行為？

你覺得這代表了對方是個什麼樣的人？

接下來就與自我探索的步驟相同：填表、邀請對方抄寫或朗讀、邀請對方感受句子的含義。

常見疑問

疑問一：怎麼找標籤？

問問你的憤怒：你怎麼評價令你感到憤怒的這個人？你覺得這是一個什麼樣的行為？你怎麼形容對方做的這些事？

觀察你內心的評價，找出一個或多個詞。

根據多個詞，找出你最有感覺的、最貼近對方行為的詞，這個詞就是可以去探索的標籤。盡量挑選那些不帶有人稱的詞，比如「不關心我的」、「否定我的」、「對我很壞的」，這一類詞就帶有人稱，可以將其替換為：冷漠的、不顧別人感受的、自私的……

【Tips】

・標籤建議只留一個，多個探索起來會混亂。

・當該標籤探索起來有困難時，可以嘗試換一個，重新填表。

．事件舉例：

跟客戶預約好了面談的時間，並告知有疑問可以記下來，在面談時討論。但對方還是時不時發訊息來，想起什麼就發什麼，提醒對方後，他還是繼續發，要我有空再看，這讓我很憤怒。

我憤怒的是他完全不按我的要求做，不遵守約定。透過這句話，來看貼給對方的標籤是什麼。

這裡面有兩個評價：

A完全不按照我的要求做。

B不遵守定好的約定。

其中評價A中有「我的要求」這種個人化的表達；評價B是比較概括的表達。這時，我們就可以選擇評價B作為標籤：不遵守約定。

疑問二：語句讀起來，感覺不順暢？

表格僅為參考，並非一成不變。如果表格裡的句子對你來說是不順暢的，可以根據自己的感覺對句子做適當調整，變成對你來說習慣的語言表達。

疑問三：怎樣找負面感受？

某種優秀的特質，比如上進、誠實、善良，我們做某些事時感受到身上有這些特質，有時是很享受的，但不會所有時候都享受。當你不享受、還要去維持這個特質時，你就會有一些負面的感受。那時的負面感受，就需要填到-F裡。

要找到這種負面感受，你就要想像，自己在不享受時還得維持這個特質的畫面，然後問一問內心深處：那一刻，你的情緒體驗是什麼呢？

·舉例：

問：負面情緒的挖掘還是有些困難，比如我在學完「憤怒分析表」後的作業裡寫，「我一個人誠實很委屈」，但是我想不起來自己表現誠實後覺得委屈的事，是這個感受沒找對嗎？但我又沒想到其他的負面感受，可能是平時壓抑久了。怎樣想，才能找到自己的負面情緒呢？

答：「誠實」是個好特質，但所有時候都誠實、不想誠實的時候還要誠實，就會有不舒服的感覺。這種感覺常常因為習慣了而難以辨識。因此，你需要用心去感受：

- **你喜歡自己的誠實嗎？**
- **你所有時候都喜歡誠實嗎？**
- **當你不想誠實的時候還得誠實，是什麼感覺？**

疑問四：我的感覺需要和父母一樣嗎？

你的感覺不需要和父母一樣。

- **我爸爸／媽媽經常感覺到很（委屈），我要和他們一樣。**

經常有人對這句話沒什麼感覺，認為自己沒有「要和他們一樣」的感覺與想法。

實際上，這是一種內心感受。你可以觀察自己在憤怒背後的感受，對照父母內心的感受，看看是否一致。

這種感受是一種代際傳承，並不是刻意造成的，而是潛意識裡的運行規律。

國家圖書館預行編目資料

願你擁有憤怒的自由/叢非從著. -- 初版. -- 臺北市 : 寶瓶文化事業股份有限公司, 2022.3
面； 公分. -- (Vision ; 222)
ISBN 978-986-406-276-8(平裝)
1.CST: 憤怒 2.CST: 情緒管理

176.56 111001328

Vision 222

願你擁有憤怒的自由

作者／叢非從

發行人／張寶琴
社長兼總編輯／朱亞君
副總編輯／張純玲
資深編輯／丁慧瑋 編輯／林婕伃
美術主編／林慧雯
校對／丁慧瑋・陳佩伶・劉素芬
營銷部主任／林歆婕 業務專員／林裕翔 企劃專員／李祉萱
財務／歐素琪・莊玉萍
出版者／寶瓶文化事業股份有限公司
地址／台北市110信義區基隆路一段180號8樓
電話／(02)27494988 傳真／(02)27495072
郵政劃撥／19446403 寶瓶文化事業股份有限公司
印刷廠／世和印製企業有限公司
總經銷／大和書報圖書股份有限公司 電話／(02)89902588
地址／新北市新莊區五工五路2號 傳真／(02)22997900
E-mail／aquarius@udngroup.com

法律顧問／理律法律事務所陳長文律師、蔣大中律師
如有破損或裝訂錯誤，請寄回本公司更換
著作完成日期／二〇二一年十一月
初版一刷日期／二〇二二年三月十日
初版三刷日期／二〇二二年五月二十五日
ISBN／978-986-406-276-8
定價／三九〇元

《理解憤怒》
叢非從著
本書通過四川文智立心傳媒有限公司代理，經廣西師範大學出版社授權，
同意由寶瓶文化事業股份有限公司在港澳台、新加坡、馬來西亞地區獨家
出版、發行中文繁體字版本。非經書面同意，不得以任何形式任意重製、轉載。

愛書人卡

感謝您熱心的為我們填寫，
對您的意見，我們會認真的加以參考，
希望寶瓶文化推出的每一本書，都能得到您的肯定與永遠的支持。

系列：Vision 222　**書名：願你擁有憤怒的自由**

1.姓名：＿＿＿＿＿＿＿＿　性別：□男　□女

2.生日：＿＿＿年＿＿＿月＿＿＿日

3.教育程度：□大學以上　□大學　□專科　□高中、高職　□高中職以下

4.職業：＿＿＿＿＿＿＿

5.聯絡地址：＿＿＿＿＿＿＿＿＿＿＿＿＿＿＿＿＿＿＿＿

聯絡電話：＿＿＿＿＿＿＿＿　手機：＿＿＿＿＿＿＿＿

6.E-mail信箱：＿＿＿＿＿＿＿＿＿＿＿＿＿＿

□同意　□不同意　免費獲得寶瓶文化叢書訊息

7.購買日期：＿＿年＿＿月＿＿日

8.您得知本書的管道：□報紙／雜誌　□電視／電台　□親友介紹　□逛書店　□網路　□傳單／海報　□廣告　□其他

9.您在哪裡買到本書：□書店，店名＿＿＿＿＿　□劃撥　□現場活動　□贈書　□網路購書，網站名稱：＿＿＿＿＿＿　□其他＿＿＿＿＿

10.對本書的建議：（請填代號　1.滿意　2.尚可　3.再改進，請提供意見）

內容：＿＿＿＿＿＿＿＿＿＿＿＿

封面：＿＿＿＿＿＿＿＿＿＿＿＿

編排：＿＿＿＿＿＿＿＿＿＿＿＿

其他：＿＿＿＿＿＿＿＿＿＿＿＿

綜合意見：＿＿＿＿＿＿＿＿＿＿＿＿＿＿＿＿＿＿＿＿＿＿＿＿

11.希望我們未來出版哪一類的書籍：＿＿＿＿＿＿＿＿＿＿＿＿＿＿＿＿

讓文字與書寫的聲音大鳴大放

寶瓶文化事業股份有限公司

（請沿此虛線剪下）

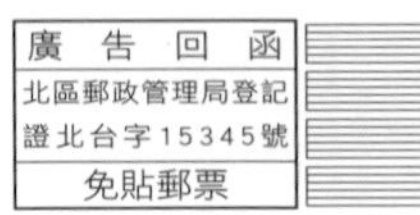

寶瓶文化事業股份有限公司 收

110台北市信義區基隆路一段180號8樓

8F,180 KEELUNG RD.,SEC.1,

TAIPEI.(110)TAIWAN R.O.C.

（請沿虛線對折後寄回，或傳真至02-27495072。謝謝）